不一樣的學習

透過參與社會實習的學習

巫淑華　宋光生
——
著

五南圖書出版公司 印行

前　言

　　過去傳統的學習理論，主要偏重在個人的學習，重視認知學習（cognition learning），強調學習方法及提升個人的學習動機等等。在30多年前開始，社會文化理論（sociocultural theory）對人類學習的影響愈來愈重要，這個理論認為外在環境對於個人學習的影響，至關重要；它認為我們知識的獲得及其所呈現的意義，是經由人與人對話的過程，對於知識所蘊含的意義，進行磋商，在磋商過程中，這些知識所呈現的意義逐漸內化（internalization）成我們能理解的知識，所以，此理論認為我們的知識是來自於社會的，是出自於人與人的互動及對話。後來，有一些與社會文化理論相關的學習理論，相繼被提出，諸如：蘇聯發展心理學家Vygotsky（1978, 1981, 1987）的社會文化理論（Sociocultural Theory）；蘇聯哲學、文學批評家Mikhail Baktin（1981）的對話理論（Dialogism）；美國學者James Wertsch（1991）的文化工具理論〔Cultural Tools（Sociocultural Mediated Actions）〕；Alexei N. Leont'ev（1978, 1981）奠基，芬蘭學者Yrjo Engestrom（1987）致力提倡的活動理論（Activity Theory）；還有美國學者Lave及Wenger（1991）的實踐社群理論（Community of Practice）等等。本書僅就

諸多學習理論中的實踐社群理論，進行探討及闡釋，以期讀者能從另一種非傳統、嶄新的觀點，重新檢視「什麼是學習？」，重新思考學習是如何發生的，以裨益人類的學習。

1991年，Lave及Wenger在他們的著作"*Situated Learning: Legitimate Peripheral Participation*"中，首次提出實踐社群理論，他們將學習的觀點，從傳統的對個人認知學習的注重，轉移至人在社群中的多邊關係的體認。也就是說，傳統的理論對學習的看法，是只有著重人腦進行認知的學習，外在環境的影響皆為次要或是不重要，所以，過去傳統理論看人類學習，只有看到個人，沒有看到個人所身處的社群或社會。但是，實踐社群理論提供一個不同的看法，它要我們去看身處在社群中的個人，而不是忽略社群、僅看個人而已，它要我們去看複雜的人與人的關係網、社會結構，及權力結構是如何影響個人的學習。

除了學習的觀點有很大的不同之外，實踐社群理論與傳統學習的理論在學習的定義上，也有很大的差異。傳統學習理論認為學習就是一種認知的過程，涉及記憶、理解等等的過程。但是，實踐社群理論認為學習是一種親身參與社會實習的過程，透過參與社

會實習，會有人與人的溝通對話，對談話的主題及內容，磋商其意義，達到逐漸理解或共識的程度；同時，透過社會實習，人與人有機會共同面對問題，解決問題，分享心得，交流彼此的文化，一些知識及技術就在長時間的社會實習參與之中，產生、轉移、及質變，逐漸內化成為參與者所能理解的知識及技術。就在這內化的過程當中，實踐社群理論提出「重整再造」（reproduction）的概念，也就是說，參與者重整他們在社會實習所理解的知識及技術，在下一次社會實習的時候，把重整的知識及技術應用出來。這個社會實習最好的場所，就是日常生活。

　　除了學習的觀點及定義之外，實踐社群理論對人的教育及改變，以及社群或社會的蛻變，提出一套看法，這些觀點將這理論的觸角延伸至人類及社會學的領域。實踐社群理論認為社群中的新手在外力的影響及設計下學習，經常是徒勞無功的；反而在新手的意願下，主動學習一些自己想學的知識及技術時，才會有學習的效果。就在這種情況下，新手為了學習自己想學的東西，應會主動與老手或專家建立關係，形成學徒學習的方式。這些新手首先參與一些周邊、無關緊要的雜務，後來，參與的機會及所負的責任愈來愈

多且重要，到最後的完全參與，此時，歷經多次、長期社會實習的新手已成為可獨當一面的老手，而且，還可能去幫助剛加入此社群的其他新手，於是，就形成了一種人的循環再造（reproduction cycle）。透過這種自然而然的人的循環再造的過程，人類不斷的被改造及教育，造成人類質的提升。當社群中的人，透過人的循環再造，產生愈來愈多的老手及專家之後，這許多的老手及專家在往後的社會實習參與之中，會有更多的機會創造出更多新穎的知識及技術，促使整個社群或社會進步及發展，這一長段的過程就是社會的再造（social reproduction）。

本書共分成六個章節，以仔細闡述實踐社群理論。第一章為導論，概括描述此理論的核心重點。第二、三、四章分別闡述實踐社群理論的三大主題：個人身分地位／自我認知（personal identity）、社會實習（social practice），及接近學習資源（access to learning resources）。在這四個章節裡面，我們將以實際學習的例子，闡述學習是如何在社會實習中發生，有些是良好學習的例子，有些卻是學習效果很差的例子，同時，我們會詳述其因果關係，並將此因果關係與實踐社群理論相關聯。在第五章，我們選用文獻上

所記載的研究，詳述如何用實踐社群理論當理論架構（透鏡），來透視該研究所發生的學習及社會現象。在第六章，我們以比較口語且扼要的方式，對透過參與社會實習的學習，做一個總結，並指出其關鍵性的做法。

　　人的一生都在學習，有正規學校教育的學習，有非正規日常生活的學習，如何快樂且有效的學習，是很重要的。本書著重在對學習觀念的改造及培養，讓讀者對學習有正確的認知。讀者看完本書後，可以從日常生活做起，徹底改造學習的觀念及作法，以期個人能更有效的學習，社會能進步發展。因此，適合閱讀此書的讀者，非常廣泛，包含一般社會大眾，從事大學、中學、小學、幼稚園教育的人員，從事教育研究、語言或各類學習研究、及社會科學研究的研究人員等等。

目　次

第一章

導　論

　　Lave及Wenger（1991）的實踐社群理論（Commu-
nity of Practice），不但是以英文撰寫，而且，撰寫的文
筆富含詰屈聱牙的哲學文字及意涵，不但讓人不容易瞭解
其字面上的意思，而且，也不容易體會其深遠的哲學意義
及內涵。有鑑於此，我們將自己對實踐社群理論的理解及
心得，以中文撰寫，用比較淺顯易懂的文字，來充分表達
及闡釋實踐社群理論的概念。坊間的翻譯書籍經常是針對
原文書籍，逐字或逐句進行翻譯，但是，由於語言彼此之
間的差異，以及翻譯者對理論的哲學思想不夠瞭解，所
以，翻譯書籍經常有的缺點，是無法傳神地表達其原文書
的真正意涵。為了避免翻譯書籍的缺點，我們不將此書定
位為翻譯書籍。這本書是在我們融會貫通實踐社群理論之
後，以比較口語的文字，表現實踐社群理論的哲學意涵，
同時，我們也在此書中，加入我們對此理論的見解，所以
說，這本書實際上是實踐社群理論的心得感言。用這種心
得感言的方式，撰寫社會科學理論相關的書籍，屢見不
鮮。譬如：Vygotsky（1978, 1981, 1987）的社會文化理
論，就是一個很明顯的例子。Vygotsky是一位偉大的蘇聯
發展心理學家，但是，在他37歲的時候，就英年早逝。
他的作品都以俄文撰寫，而且，曾經受到蘇聯當局的限制
發行，但是，他的社會文化理論卻受到廣大西方社會的肯
定及重視，於是乎，許多以心得感言的方式，撰寫此社會

文化理論相關的書籍，大量的在世界上發行。本書就是效法這種精神及方法，闡釋實踐社群理論。

　　Lave及Wenger在1991年首次提及實踐社群理論的概念。他們描述學習是在一個情境下的社區環境，通過參與和練習的時候發生的。他們稱這種學習爲「情境學習」（situated learning）。情境學習是探討人類在瞭解萬事萬物及與他人溝通互動的過程當中，其情境的特性。它著重學習者與學習當下的外在環境之間的關係。就Lave及Wenger的觀點而言，沒有學習不是情境學習的。就學習者與學習當下的外在環境之間的關係而言，Lave及Wenger的詮釋是社會的共同參與（social co-participation）。這種社會的共同參與，不是著重在個人如何用認知（cognition）的方法學習，或者用一個概念的結構（conceptual structure）進行學習，而是強調透過社會的安排及參與，以提供適當的環境，讓學習發生。就這種透過社會安排及參與的情境學習而言，社會的結構（social structures）和權力的關係及結構（power relations and structures）對社會的共同參與，有決定性的影響，所以，實踐社群理論是結合情境學習的理論與社會學的理論在一起的，將情境學習與社會秩序（social order）的產生（production）及重整再生（reproduction），相互關聯在

一起。

Jean Lave是一位社會人類學家，她在哈佛大學取得社會人類學博士學位，目前在美國加州大學柏克萊分校的教育及地理系任教。她在「學徒學習理論」（apprenticeship）的研究成果，對教育心理學有很大的貢獻。此外，她的研究興趣也著重在社會理論（social theory），在她許多以田野研究方法所做的研究裡面，我們可以發現她著重在以社會實習（social practice）的觀點，重新深入瞭解「學習」（learning）、「學習者」（learners），及「每日生活」（everyday life）的概念。

Etienne C. Wenger出生於瑞士，在1982年，他從日內瓦大學取得電腦科學的學士學位之後，在美國加州大學取得資訊與電腦的科學碩士及博士學位。

Lave及Wenger在發展實踐社群理論之前，曾多次觀察、咀嚼學徒學習的現象。依據社會文化理論的觀點而言，學習就是一種學徒學習的經驗過程（apprenticeship），也就是一種情境學習（situated learning）。就情境學習的觀點而言，知識與技術是存在於我們的生活環境及日常的活動之中，學習者如欲學習知識及技術，便應進入情境，並與情境互動。Lave及Wenger發現沒有一種學習不是情境學習，同時，他們也認為學徒學習的經驗過程

不僅是學徒跟著師父學習技術而已，還有一些重要的因素尚未被觀察到，其中尚未被觀察到的重要因素，就是關係（relationship）。當學習者在一個社群進行學習的時候，他可能會與社群的人建立關係，也可能跨越空間，與不同文化的人相關聯，更有可能跨越時間，與不同歷史時期的人物相關聯。這種關聯（係）的建立及變更，會伴隨著社會實習（social practice）的進行而發生，並且，大大地影響了學習者學習的進展。所以，實踐社群理論不是一個抽象而不可及的概念，而是一個可以觸及，以及理解的理論，它著重在社會實習當中，關係的建立、蛻變、演進及變化。

在社會實習當中，重視的是參與，所以說，就實踐社群理論的觀點而言，學習就是一種持續演進的參與。在參與的過程中，新手與老手或是專家的關係，持續的演進、蛻變及變化。因為新手學到知識及技術之後，他會慢慢地過渡到老手，甚至有可能成為專家，所以，他與其他老手的關係演進，可能是：新手－老手→老手－老手→專家－老手。

以實踐社群理論的分析觀點，來探討新手的學習動機及其在社群裡的學習動態，新手的社會實習是一種合法的、邊緣化的參與（Legitimate Peripheal Participation）。其合法的意義，在於新手應該在合法的情況下，參與社會實習，受到此社群的認同，但更重要的意義，在於新手對於此社群的歸屬感。這裡所謂的合法，並不一定是法律上合法的意義。其邊緣化參與的意義，是表示初學者在初期參與社會實習的頻率並不高，關係網的建立也不夠，但是，因為他們期待有朝一日能擁有成為老手或專家的成就感與榮耀，所以，他們有動機持續地參與社會實習，逐漸地，他們的參與社會實習頻率會增加，建構的關係網也會愈綿密，最後，他們可能達到完全參與（complete participation or full participation）的境地。

在這裡，我們舉一個合法參與社會實習的例子，這是屠夫學徒經驗的例子（Marshall, 1972）。在這個例子裡面，屠夫的學徒經驗包括職業課程和在職訓練，這是一個取得證照的課程，以期能終身合法參與以屠夫為職業的社會實習。當他們完成課堂上課的職業課程及六個月的在職訓練之後，他們便可以拿到證照。在職訓練是以學徒學習的方式進行，是在店裡做手藝的練習。如果他們成功取得證照，即能到超級市場工作。如果他們在超級市場連續工作兩年半，他們就能獲得助理的身分和薪給，所以說，這兩年半的超級市場工作是一種職前訓練。

這個證照的職業課程是採用傳統的課堂上課和筆

試，這個課程年復一年都採取相同的教學內容，而沒有考慮到學徒學習新知的重要性，所以，所呈現的結果是老師所教的內容和學徒日後在超級市場工作之所需，產生脫節的現象。除此之外，學徒在學徒學習時期，在店裡所學的工作內容，對日後在超級市場的工作，也無所幫助。譬如說：磨刀這項技能，對從前的屠夫而言，是非常重要的，所以，學徒在學徒學習時期，便下了工夫學習磨刀這項技能，可是，等到學徒到了超級市場職訓時，公司在固定的時間便會送來已經磨好的利刀，並且，收走那些已經使用過的待磨的刀子，所以，學徒過去在店裡所學的磨刀技能，完全無用武之地。

　　學徒的學習有很大的部分，是觀察並互相觀摩得來的。然而，在超級市場的職前訓練時，工作場所的空間設計及安排卻限制了他們的學習的機會。譬如：賣肉部門內有分包裝部門與切肉部門，這兩個部門的空間設計是分離的，因此，在肉品包裝部門的學徒，因為空間的阻隔，無法一窺那些助理是如何切肉、鋸肉的，如此一來，這些新手學徒便缺乏了觀察學習的機會。再者，學徒的學習經驗會隨著不同的行政管理，而有所不同。在超級市場裡面，肉品部門的經理為了求取更高的利潤與工作效益，會把學徒們安排在一個定點，負責特別部分的工作，以達專精與

快速的效果。一個學徒到了一個超級市場，通常會被分配肉品部門的某一單位，如果做得不錯，他便會一直待在同一單位好幾年，除非有新手進來學習時，他可以教新手手藝，並同時有機會去其他單位幫忙，因而有機會學習到其他單位的技能。不然的話，他們便沒有機會，去觀摩或學習其他定點的工作，就如前述肉品部門的新手，便一直沒有機會可以觀摩到如何切割的方法技能！

往往比較貧窮社區的學徒比起較富裕地區的學徒，較有機會練習切肉的技能，因為在這個貧窮社區裡面，買肉的人比較少，新手切錯的話，他所屬的超級市場較能負擔損失，然而在肉量供應較多的富裕地區，若有新手犯錯，那麼損失就無法消受了，因此，經理往往寧願那些學徒留守在同一定點，避免犯錯誤之外，工作效率也比較高，而不想要他們因為轉換工作定點而在工作上出錯，所以，在這種情況下，不僅僅是學徒，連那些已經待了幾年的助理，都無法去學習到整套屠夫的手藝了！

在這個例子裡，剛剛開始要成為合法且邊緣化參與社會實習的新手，並不容易成為超級市場的屠夫新手，這個社群設計了一些證照的制度，侷限有心學習的新手參與社會實習的機會。在屠夫學徒的職業課程和在職訓練期間，如果這些屠夫學徒沒有順利取得證照，他們就無法合法的

在超級市場做社會實習，也就是，這個證照制度讓一些邊緣化參與社會實習的新手失去繼續學習的機會，這是一個以學徒方式進行學習的不良示範。

上述的例子除了闡述合法參與社會實習的現象之外，也證明不是所有以學徒方式進行的學習，都是一個良好的學習方式。在這個例子中，整個社群的企圖心是將合法且邊緣化參與社會實習的新手，轉化成廉價的勞工而已，而不是將他們訓練成為熟稔全方位屠夫技術的屠夫專家。

實踐社群理論就是一種探討「社會實習」即是「學習」的理論，其中，合法及邊緣化參與的概念提供了一個架構，將情境學習（situated learning）理論與涉及社會關係及權力階級之產生及重組的理論，相關聯在一起。而這些理論過去一直是個別地被思考，從來沒有相關聯過。實踐社群理論是在情境學習的環境下，探討社群整體及個別的關係，以及這些關係所蘊含的意義，及其所產生出來的效果。這些關係存在於社群中每天的活動，不斷的產生、蛻變、演進及變化，其對社群中每個人身分地位的產生、蛻變、演進及變化，以及實習技術與知識的獲得，有重大的影響。

就學習而言，過去傳統的理解及相關的理論，是將

其侷限在個人腦袋的內化（internalization）過程，將外在的知識及技術，透過各種不同教育的方式，導引進入個人的腦袋，經過吸收、消化、理解及應用，以達到學習知識及技術的目的。但是，實踐社群理論是從社會文化的觀點，來審視「學習」的，它認為學習是一種持續增加的社會活動參與。在參與社群活動的時候，每個人會與他人溝通，理解其所面對的任何事物及所蘊含的知識及技術，也就是說，人們在溝通的同時，進行「意義」的磋商（meaning negotiation），以達成瞭解，繼續思考，或是共識。於是，就社會活動的參與而言，一直不斷產生及蛻變的人與人之間的關係，就變得非常重要，因為這些關係會決定，個人透過參與所學習到的知識及技術。如果個人在社群中的關係網很少，他就很難學習，理解社群活動中所蘊含的知識及技術。所以，實踐社群理論的社會活動參與，是將其觀察面，著重在關係的建立、蛻變、演進及變化，而這些關係不僅是人與人之間的關係而已，它還包含了人與整個社群、外在環境及世界、以及社群活動的關係。於是，從實踐社群理論的觀點出發，學習、理解、以及思考都是社群活動之中，人與人之間關係呈現的結果。

　　社群的日常活動不僅是表面上的幾個人，每日相處在一起所發生的種種事。如果往內部深層探究其所代表的內

容，我們會發現，社群內的人們可能來自不同的區域（地理社會），大家短暫相處在一起，也可能來自不同的文化團體，所以，社群中的每個人會呈現他們特有的文化，當他們相處在一起的時候，自然就會造成文化的融合或是衝擊，也可能造成相互理解對方文化的內容。除此之外，社群的日常生活活動，也可能涉及過去歷史與文化所遺留或蛻變成的知識、經驗及技術，所以，社群的人們也需要探索及關聯過去的歷史及文化，以順遂其日常生活活動的進行。因此，實踐社群理論所談的社群活動的參與，是涉足跨越歷史時空、文化及地理社會所形成的種種關係的綿密網。

就實踐社群的觀點而言，知識不是封閉的，而是開放的。在參與者做社會實習的時候，透過參與者的溝通及對話，進行意義的磋商，因而逐步的開發出知識及技術，所以，知識及技術是在參與者進行社會實習的時候，可以無限制的被開發出來，而且，它們的開發是受到社會的調節。

這些被開發出來的知識及技術，不是經由內化（internalization）及外化（externalization）來完成知識及技術的傳授，而是經由參與社會實習的過程，逐步瞭解及經歷所有過程，來達到學習知識及技術的目的。這種有意義

的參與是植基於參與者在對話過程中，做意義的磋商及再磋商。就是透過這種不斷的意義磋商及再磋商，才能逐步理解被開發出來的知識及技術，達到傳授與學習的目的。

社會環境對於社會實習的參與，至爲重要。傳統的學習理論所關切的學習環境，大部分都是一時的，他們關注什麼樣的學習環境，會產生什麼樣的學習效果。但是，實踐社群理論所關注的社會環境，是長時間的，它所關注的社會環境是長期受到文化的改進、歷史的形塑、以及社會的影響。這個文化、歷史、社會所形塑的社會環境，會深深地影響學習者所參與的社會實習。在社會實習中，最重要的環節之一，就是意義的磋商及再磋商，此時，社會環境所富含的文化、歷史、以及社會的內涵，將會改造、形塑、或是影響意義磋商的方向及磋商後的意義。

第二章

個人的身分地位
（Personal Identity）

　　什麼是「個人身分地位」（personal identity）？它的意涵及人們對它的理解爲何？根據Toohey、Day及Man-yak（2007）的解釋，個人身分地位指的是人們對自己的看法，以及人們對自己身處於社會環境中的關係的看法。譬如：一位在統一超商工作10年的人員，他認爲自己已是老手，這是相對於剛進統一超商一、兩年的新手而言，所以，他認爲他有資格教育那些新手，尤其是，當這些新手不知如何處理業務，或是處理業務錯誤的時候；但是，當他面對另一個資格更老（20年）的工作人員時，他會覺得自己雖然已是老手，但是，面對資格更老者，他可能會顯現出謙卑的態度。相對於統一超商的老闆而言，此工作人員也只是受僱用的人，所以，當雇主發布命令的時候，受僱的他也只有唯命是從。因此，此工作人員對自己的看法，以及他在此統一超商的各種關係的看法，儼然已成爲一個關係圖。在此關係圖中，他可以看得到他的位置（position），以及他與其他人的相關位置。我們可以說，他在此關係圖的相關位置，即代表他在統一超商的個人身分地位。

　　從社會文化理論（sociocultural theory）及後結構主義（post-structuralism）的觀點來看，個人身分地位是社會建構的，是浮動、不固定的，而且是多元的。在人們參

與社會實習的時候，人與人之間會產生互動，這包含了新手－新手、新手－老手、新手－專家、老手－老手、老手－專家，及專家－專家的互動。在互動的過程當中，人們會提出對所面對事情的看法，彼此比較看法的異同，評論對方的看法，甚至質疑對方的言論或看法，同時，也會堅守或是適時修正自己的看法，以期與對方達成某種程度的共識。這種共識及溝通後的看法，可能是讓溝通的雙方都滿意、信服，這就是所謂的「意義的磋商」（negotiation of meaning）。在進行意義磋商的時候，人與人彼此身分地位的高低，就會自然而然的形成。譬如：毫無經驗的新手在與老手共同面對問題時，老手解決問題的方式，有可能讓新手折服，而新手也可從中學習到處理此問題的方法。無形之中，在關係圖中，老手的相對位置，就會比新手來得高。假以時日，新手愈來愈瞭解如何面對及解決問題，以後，有新的問題出現的時候，他可能不需要老手的協助，即可解決問題，甚至他有可能帶領其他新手一起面對問題，在解決問題的過程當中，他有可能讓其他新手折服，於是，在此關係圖中，他的身分地位已不再是之前的新手身分地位，而是老手的身分地位。因此，個人的身分地位是浮動、不固定的。如果在社會上，沒有一群人從事社會練習，共同解決所面對的問題的話，人與人之間就沒有適當的溝通，就沒有經過磋商過後的意義，個人的身

分地位自然無法在關係圖中，得到適當的定位（position-ing）。因此，我們可以說，個人的身分地位是社會建構的。

Toohey等人提及，個人身分地位並非如我們想像的那麼透明、易見，而且它的產生及蛻變永遠都是現在進行式，所以，觀察個人身分地位的變遷，會是一件有趣、但是不容易的工作。依照文獻的報告，田野研究方法可以讓個人身分地位的蛻變過程，完全呈現出來，在第五章，我們將這方面的文獻報告完整呈現，陳述個人身分地位如何蛻變的過程。

像其他學習理論一樣，實踐社群理論也著重個人，但是實踐社群理論更重視在社群中或是在世界中的個人，這表示，它強調的是個人與社群及世界的關係。此社群或世界是有歷史背景，而且，是由文化所建構的社群。在此社群中，個人為擁有一席之地的會員。除此之外，它也著重社會實習的結構。個人參與社會實習的時候，社會實習的結構會影響到個人的參與機會。在實踐社群理論觀點下的「學習」，是強調與特定的一些人，在特定的情況下，參與社會實習的活動。於是，學習不但涉及與特定活動的關係，也涉及與社群及其成員的關係。根據此觀點，我們可以推論，如果某個人單獨思考，應該沒有涉及與特定活動

的關係，也沒有涉及與社群或其成員的關係，所以，那個人很難涉入新的活動，也很難推動新的工作，而且，也不容易瞭解新的事務。所以，就實踐社群理論的觀點而言，在社會實習當中，社群裡面會有許多的關係被產生，或是被發展出來。而個人在這些關係中，會被定位（positioning），同時，個人也可主動爭取設定這些關係。於是，學習即是不同的個人在不同的關係網中，得到關係的可能性。依據此觀點而言，學習是涉及個人身分地位的建構，因為個人身分地位就是在關係網中的定位。在實踐社群觀點下的「個人身分地位」，是一個長期、動態的關係，此關係涉及學習者（社會實習參與者）與他在社群關係網中的位置的關係，此關係也涉及學習者與社群實習參與的關係。隨著學習（社會實習的參與）的進行，動態的關係持續蛻變，動態的個人身分地位也持續變遷，會員的狀態也隨之更動。以實踐社群理論，來分析社群裡學員的學習狀態及進展，我們會發現，學習者參與社會實習的內容型式及身分地位，起初是新手，也就是說，他們合法且邊緣化的參與社會實習。他們所參與社會實習的內容型式，大多是旁觀，觀察老手或是專家如何面對及解決問題，後來，他們漸漸知道如何處理事務，解決問題，於是，他們與老手或專家共同來解決事情，這時候，他們參與社會實習的內容型式過渡到共同參與。後來，歷經多次磨練後，他們

已可一人獨撐大局，獨自處理問題，這時候的老手或專家可能處於旁觀的地位，觀察他們是否處理得宜，於是，他們參與社會實習的內容型式又過渡到另一型式——完全參與。這時候的他們，距離「老手」的身分地位，已經不遠了，也就是說，他們的身分地位已逐漸從「新手」過渡到「老手」。

在這裡，我們要舉一個將「學習」與「個人身分地位／自我認定的重新建構」相關聯的例子，這個例子是酒癮者學習戒酒的學徒經驗（Cain, n. d.）。這是一個喝酒成癮無法自拔的人，如何透過AA（Alcoholic Anonymous）的戒酒課程，讓自己變成一個戒酒成功清醒者的過程。不像其他的例子，在這個例子裡面，學徒沒有一個正式的學習過程。但是，在意義上是一樣的，同樣是從新手變成老手的過程。在這個課程中，已經戒酒成功的老手們首先會去確認一些喝酒成癮的人，然後把他們帶到這個戒酒的課程來，在這個課程裡面，在數次會議中，一些老手會透過講述一些個人的戒酒經歷，談到他們是如何從一個喝酒成癮的「酒鬼」，慢慢改變，最後，變成一個成功戒酒且清醒者的經驗過程。這些新手看到老手的陳述，首先能體會並反身自省，承認自己的確是個喝酒成癮者，慢慢的，便會想要如何從這種過度依賴酒精不可自拔的情況下抽離，

所以，事實上，這整個的過程是一種自我認定的重新建構（identity reconstruction）。從原先認為自己不可救藥，然後，透過一個自我認定重新建構的過程，改變自己，到最後，自己已變成一個戒酒成功的清醒者時，他會去認定一些喝酒成癮者，來幫助他們做這樣一個自我認定的重新建構。如此一來，他們已經由原先的新手變成老手，再用自己的一些親身體驗，去幫助那些新手，來重建他們的自我認定。

事實上，這個過程是透過一些個人戒酒故事的陳述來進行社會實習的，這個戒酒故事的陳述變成幫助新手改變自己的一個很重要動力來源。在這整個戒酒的過程中，喝酒成癮的人所得到的體會並不是透過一個教學的過程，也不是從書本得來的。戒酒的老手並不像是老師一樣去教喝酒成癮的人，只不過是分享了一些他們個人的故事而已，他們沒有一定的教材來講述，他們都只是在陳述自己的生活經驗，並且，希望自己生活經驗的陳述對那些喝酒成癮的新手有所幫助。而那些喝酒成癮的新手也一樣，也不是從書本裡去學的。儘管如此，這整個過程也像是一個學徒學習的經驗過程，喝酒成癮的新手們讓自己得以重新自我認定。

在這個例子裡面，很清楚的可以看到自我認定的重新

建構。戒酒新手在看到戒酒老手所提供戒酒經驗的陳述之後，這個透明戒酒資訊讓戒酒新手也有意想成為戒酒者，就是這股力量，讓戒酒新手成為一個合法且邊緣化參與戒酒實習的一員，透過他們不斷努力的戒酒，以及戒酒老手的經驗傳承及鼓勵，外加心得的交換，歷經無數戒絕症狀的克服，這些種種都是自我認定的重新建構。最終他們成為一個戒酒成功的清醒者。

　　如果在建構綿密的關係網中，將自己個人的定位往更綿密及更好的關係方向去發展，增加某些關係的可能性，有可能達到有效社會參與（學習）的目的。譬如：有兩個研究所的學生，其中一個不喜歡與其他人互動，除了上課之外，整天將自己關在個人的房間內，研讀上課有關的書籍。另一位研究所的學生則不然，他儘量與學長、姊保持良好的關係，如果有任何問題，都會向他們請教。他也同時與其他同班同學，維持良好的關係，所以，每當課業上有問題的時候，他都會與其他同學共同思考解決；甚至他會與他們共同研讀書籍，討論心得，讓他瞭解更多新的概念。除此之外，他也認識一些在公司上班的人，瞭解到在公司上班的要求，做為他以後出路的參考。

　　從這兩個研究生的例子，很清楚的看到，第一位研究生是躲在象牙塔裡的人，對於外界的關係非常少，他也不

想去經營對外的關係，所以，每當他讀書，理解新概念，或是解決任何問題的時候，他經常是獨立進行的。在他的關係網中，有很少的關係是他可以利用來學習的。反觀另外一位研究生，他不斷地發展新的關係，經營他擁有的關係，所以，他建構了一個綿密的關係網，每當他學習的時候，他都可以在他的關係網中，找到適當的關係，幫助他的學習，因此，他在他的研究生學習生涯，以及日後出路的探尋方面，都有一起學習的對象。比較這兩位研究生的學習效果，很清楚的知道，擁有綿密關係網且善於利用關係進行學習的研究生，在學習上，是比較有效果的。

在這裡，我們要舉另一個與關係網建立有關的例子，這個是裁縫師的例子（Lave, 1994）。在這個裁縫師的例子裡面，是把自己的子女，送到別人的家裡，去學習另一種技能的例子。在西非Gai和Gola的地方，常常看到一些裁縫師傅，他們除了做衣服之外，同時，還有學徒在店裡幫忙，並且學習師傅如何做衣服。為了要因應分工愈趨精細的情況，每個家庭除了有一樣生活的本領外，也讓子女去其他的場所，學習新的技藝。這些學徒在學成之後，就可以自己開店。學裁縫的技藝，牽涉很廣，而學徒學習裁縫的經驗和其他行業的學徒類似。他們先學做簡單的裁縫，譬如：較不正式的帽子、褲子、兒童的貼身衣

物，再學較正式外穿用衣物的裁縫。而在學徒學習做每一樣衣物的過程，都會包括手縫、車縫、燙衣和裁布，但是學徒在學習做每一樣衣物的過程，是與我們想像的順序相反的。我們往往以為，他們是從裁布開始，然後在做完各部位的裁縫之後，再學如何把各部位的裁縫拼製形成成品，最後再加上鈕扣和袖口。但是，在這個地方學習裁縫就不一樣了，裁縫學徒學習的過程，正好是反其道而行，其目的在使學徒先有一個整體製成品的概念。當有了整體的概念之後，知道各個部位是如何組成的，爾後，便會有邏輯的思考，知道哪個應該先縫，哪個應該後縫；又因為他們也已經知道各部位裁縫好之前和之後的形狀，因此，他們在裁剪布料時，心中早已有譜，下刀之後，便不會因為剪得離譜，而浪費一塊布。學徒向師傅學習一整套功夫的過程，大概是五年左右的時間，他們學成之後，便可以開店了！

裁縫師的學徒學習的過程，事實上，是很正式的，是在如何讓新手藉由一個觀察的動作，再參與，然後到最後變成老手的過程。學習如何變成裁縫師的時候，學徒們通常得認真地觀察師傅，是如何做衣服的。不僅如此，他們也同時觀察其他在店裡出入的人，是如何處理事情的，他們也會觀察其他學徒的學習。等觀察到有個概念之後，

便開始動手操作的過程，所以，這個由新手變成老手的過程，事實上，是很正式的學徒學習過程。整個過程是一個老師傅做衣服技藝的再製（re-produce）過程，學徒從頭到尾，參與其中。當然在學習過程中，有些對學徒而言，較熟練，有些較不熟練，但是，透過不斷地練習，學徒最終也變成師傅了！

　　在這個例子裡面，剛開始的時候，整個環境對新手來講，是陌生的，他幾乎沒有所謂的關係網。剛開始的關係，是新手（學徒）與專家（師傅）之間的關係。由於這個學徒有心想學裁縫，所以，才會有師傅願意傳授此裁縫技藝。此裁縫師傅傳授之道，是一種逆向學習的方式，首先，讓學徒知道完整衣服縫製的情況，再讓學徒仔細鑽研縫製各個部位的技巧，這個逆向學習的方式，讓學徒知道，為了學會所有各個部位縫製的技巧，需要與各個相關的老手有密切的關係，所以，才能夠讓老手傾囊相授。因此，這個逆向學習的方式有助於合法且邊緣化的新手，建立未來綿密的關係網，以利於學習的進行。此裁縫社群的新手，歷經長時期（約5、6年）合法且邊緣化參與整個社群的實習活動，最終，他們也可以成為裁縫師傅，繼續帶領一些新手（學徒）學習做裁縫。

　　就實踐社群理論而言，學習者在社群的關係網擁有

一席之地，也就是此社群的會員。每個會員在關係網上的位置都不一樣，他們所擁有的關係線及狀態也都不同。當學習者學習的時候，也就是說，他們與其他會員共同進行社會實習的時候，他們的關係線就會有所變動，譬如說：他們會試著像其他陌生的老手請教，於是，他們的關係線就增加了，他們的學習效果有可能變得更好。當他們歷經多次的社會實習之後，已瞭解許多技術及知識，於是，他們儼然已成為其他新手請教的對象，因此，他們的關係狀態又發生了變化，他們從原來新手的身分地位，變遷至老手的身分地位，所有相對的關係位置都產生了重大的改變。我們可以說，他的身分地位變高了，他們擁有的會員狀態，變成比較資深的會員，擁有更綿密的關係網。綜觀此學習的現象，學習（參與社會練習）導致會員狀態的改變，個人身分地位以及相關的關係網，也隨著變動。所以，依照實踐社群理論，學習不僅代表著當時的會員狀態，也意味著會員狀態會一直持續的蛻變，所以說，學習同時也代表著持續蛻變的會員狀態。

　　綜觀關係網與學習的關係，我們可以推論，綿密的關係網有利學習的進行，反之，疏遠的關係不利社會實習的參與。在這裡，我們要舉一個類似的例子，這個例子涉及到海軍航海人員的訓練（Hutchins, 1996），以利於船的

航行。就海軍航海人員而言，這種學徒所學的是比較屬於高深的知識與技術。例如：照準儀（alidades）、航海圖表、航海日誌等高科技產品使用的學習與運用。一個新手在進入這個領域時，通常只負少許的責任，之後，他便有機會接觸愈來愈複雜與純熟的專業。他要學習如何獨自測定船在大海中的位置，或是和其他五個在五種不同領域的海軍航海人員共同合作下，把船駛進港口。有些人在還沒有上船學習之前，就到專門學校接受航海的課程教育，但是，在上船學習之後，他們發現以前在學校教育養成的壞習慣，與在船上實習時，產生了矛盾，並且，很難矯正。比較有經驗的海軍航海人員會鼓勵新手從做中學，而不是在上船之前學些課程，因為先前所謂的「訓練」，往往會使他們養成一些不容易矯正的習慣。

根據那些新手的經驗到什麼程度，他們通常會被要求去加入一些與適當老手共同的活動。新手會在老手的指導下操作儀器，老手會在一旁觀察，同時予以適當的協助。那些工作通常都需要相當多的背景知識，所以，新手需要幾個月學習的經驗，才能獨自操作。為了使船順利航行，需要有船上六大領域海軍航海人員的相互配合，新手便在這六大領域中逐一學習，這包含操作聲納、如何掌舵等工作。

在他們逐一學習這六大領域的知識、技術、工具、儀器及任務執行之後，他們可能在腦海裡統合這些知識及技術，以瞭解這六大領域如何相互配合，以利船的航行，不過這只是新手在船上初步的實習。然後，會基於任務的需要，他們會被分派到這六大領域中的任何一個領域，繼續進行深造。

在此分工結構裡，為了讓船正當運作，學員在受完訓後，基於任務需要，會被分派到六大領域中的一個領域。然而，學員被分派到的領域極有可能與他的興趣不合，因此，導致整個分工的結構，侷限該學員的學習發展。

在這六大領域之中，他們用了很多精密的工具，有些工具是被一些共同的領域來使用的，這時候，共同使用的儀器會造成兩個或多個領域學習的交流，只有在此時，某一領域老手在使用該儀器時，其他領域的學員也看得到。但有些精密儀器，只有為單一領域的老手所使用的時候，當該領域的老手在操作該工具的時候，基本上對其他領域的學員來講是不透明、不公開的，這會造成其他領域的學員在學習整個航海知識及技術上繼續學習的困難。

在此一實例裡面，我們可以看得到，在船上實習的起初階段，新手必須主動建立與六大領域老手的關係，以便有機會做有效且邊緣化參與航海的實習。他們對於六大領

域中的知識及技術瞭解的程度，應該與這些關係的建立有密切的關係。在這些新手初步學完這六大領域的知識及技術後（這六大領域的社會實習之後），將會被分派到六大領域中的其中一個領域，繼續深造。根據觀察，這個新手與他深造領域的老手，可能會建立比較密切的關係，這個關係只可被利用於該新手對於該領域的繼續深造。但是，這個新手與其他五大領域的老手及新手的關係，逐漸的疏遠，這些逐漸疏遠的關係卻不利於通盤瞭解航行所需的六大領域知識及技術。這種關係的切割，是由於外在環境、精細分工的結構所造成的。

　　合法且邊緣化的參與，是實踐社群理論中的一個很重要的概念，其代表有動機參與社會實習的新手，積極的利用各種關係，進行社會實習。這是一種原動力，推動社群活動的持續進行，也使得老手或專家願意與其共同從事社會實習，於是，這些合法且邊緣化的參與者得以在知識及技術上成長，最終，他們有可能成為有知識及技術的老手。這種新手變成老手的過程，會一直持續上演，也就是說，合法且邊緣化的參與會在這個社群內，持續不斷的製造出有知識及技術身分地位（identity）的人，這些有知識及技術身分地位的人包括老手及專家。當這個社群製造出愈來愈多的老手及專家之後，因為老手及專家參與社會

實習是全方位的，是完全的參與，而且，他們的知識及技術是高超而且成熟的，所以，這些眾多老手及專家參與社會實習會導致整個社群的蛻變或是再造。因此，實踐社群理論下的合法及邊緣化的參與，最終，是可以改造社群裡的每個人，最後，整個社群也跟著持續的改造。

　　在新手進行合法且邊緣化參與社會實習的時候，學習過程不見得一定是往正面的方向發展，還有一些其他的因素會左右學習的進行，譬如說：社會結構的侷限有可能讓某些人無法發展某些關係，影響他們社會實習的參與。又譬如說：權力關係及結構有可能讓弱勢族群的新手無緣或是有較少的機會參與社會實習，這些弱勢族群的新手與權力高層的老手或是專家溝通、共享心得的機會，也相對的減少，自然地，他們學習的效果就不會好。剛才，我們提到海軍航海人員訓練的例子，在這個例子裡面，當學員受過六大領域的基礎訓練之後，基於分工原則，他們必須被分派到這六大領域中的其中一個領域，在此領域中繼續學習，但問題是，因為任務的需要，不太可能被分派到自己感興趣的領域，但是該學員必須在此領域繼續發展下去，於是乎，就產生侷限學員自由學習發展的情形，這是由於精細分工結構所導致而成的。當這些學員在各個領域繼續從事專精學習的時候，雖然他們與該領域的專家、老手及

新手保持良好的關係，但是，他們與其他領域的專家、老手及新手的關係會愈來愈疏遠，自然地，領域之間有關學習的接觸也就愈來愈少，所以，他們距離這些其他領域也就愈來愈遠，這正是因為精細分工侷限學習的現象。

第三章

社會實習

（Social Practice）

　　傳統的學習理論是以個人學習者為目標，一切都著重在個人學習，所以學校的教育、教學的課程及教學的內容對個人的學習都很重要，這種理論稱之為中心理論（centered theory），這種學習理論發展出來的專家，可能成為權威的火車頭，引領其他學習者學習努力的方向。相反地，實踐社群理論所採用的是一種去中心理論（de-centered theory），將對個人學習的注重，轉移成，在社群的實習中，作合法且邊緣化的參與。學校的教育、教學的課程及教學的內容祇是學習資源中的一部分，但不是最重要的一部分。就這種去中心觀點下的專家──學徒關係而言，專門技術及知識已不再是存在於專家身上，而是存在於整個實踐社群的組織裡，而專家只不過是這些組織的成員罷了，學徒只要參與這些組織所提供的實習，有機會逐步學得專門技術及知識。在此去中心的實踐社群理論下，社群裡的社會實習幾乎看不到「教學」（teaching instruction），也就是幾乎沒有老師主動授課，教授學員知識及技術；相反地，社群裡的社會實習幾乎全是「學習」（learning）的影子。也就是說，他們沒有教學課程（teaching curriculum），只有學習課程（learning cur-riculum）。

　　在實踐社群的實習中，合法且邊緣化參與的新手與專

家的關係是非常不對稱的，專家對新手而言，經常是遙遠
而不可及的；同時，他們（新手）與許多老手維持相當程
度的關係，這些是階級化的關係，老手在上，新手在下，
但是，這些階級化的關係對他們實際的社會實習參與，經
常是沒有太大的幫助；相反地，他們與其他合法且邊緣化
參與的新手的關係是鬆的、不緊密的，但是，不是階級化
的關係，然而，這些關係卻讓他們經常在一起參與社會實
習，一起渡過學徒實習的階段。根據觀察顯示，在這種實
踐社群下的社會實習裡面，與學習資源有關的資訊，很容
易且迅速的，流通在這些合法且邊緣化參與的新手們之
間。這是參與實習所產生的結果，而不是預先設定的一種
學習條件。這種資訊暢通於新手同儕之間的狀況，的確可
以造成更有效的學習。

　　在新手（學徒）合法且邊緣化參與社會實習的時
候，他們的社會關係會持續的改變，他們所瞭解的知識及
技術，也伴隨著成長。在過去傳統對學徒的概念是，學徒
的實習是透過觀察及模仿，達到學習的成果。但是，新手
的合法且邊緣化參與，並非只是觀察及模仿而已。其實，
他們是以實際的參與社會實習來學習的，並且，從中吸收
實習的文化（culture of practice）。在此同時，他們自己
的一言一行，也被吸納進入實習的文化，因此，產生文化

交流的現象。在這冗長的合法且邊緣化參與的期間裡，新手有許多的機會，將實習的文化轉化成他們自己的文化。

　　合法且邊緣化參與的新手，經常會想把一些片段的資訊及想法，整合起來，去更深一層的認識他們所身處的實踐社群。他們想知道什麼要素組成了這個實踐社群？他們會對整個實踐社群，勾劃出一個藍圖，這裡面包括組成份子是誰？這些組成份子做了些什麼？他們的日常生活是像什麼模樣？那些專家怎麼過他們的生活？怎麼講話？怎麼工作的？那些不屬於這個實踐社群的人們，如何與這個社群打交道的？這個社群的其他學習者，又如何學習的？為了要達到完全的參與，這些新手需要學些什麼？那些老手們如何及何時合作？如何及何時共謀及相互批判的？這些老手們的喜好、厭惡、自豪及尊敬的是什麼？

　　以上是任何一個實踐社群的成員，會對這個實踐社群產生的看法及藍圖，這些會深深地烙印在他們的心中，產生一些印象，但是，這些印象不會是恆久不變的。隨著社會實習的參與，他們對於社會實習所產生的知識及技術的瞭解，也會持續更動，這些對社群既有的印象及觀點，也會跟著演化及改變，在此同時，社會的關係也隨之變化。

　　在冗長的社會實習期間裡，進行合法且邊緣化參與的新手，逐漸吸納社群文化，學得片段的知識及技術，同

時，實習的經驗也會改變或產生他們許多的觀點及想法，這些種種都會在他們的腦海裡，相互關聯，整理出頭緒及脈絡，並逐漸形成他們理解、思考的主要基礎。

　　就實踐社群理論的觀點而言，具有教學課程的學校教育，會限縮學員的學習機會及學習內容。這些教學課程是老師們設計的，但是，對學員來講，老師是局外人，所以老師設計出來的教學課程，不見得是學員想學的。從此角度看，學員可能因此沒有興趣學習學校教育的教學內容，因此，這種學校教育反而阻止學員參與活動的機會。

　　學員希望學到的東西，與學校教育的教學內容，經常是很不同的，基於此，實踐社群理論特別強調，學員應該依照自己的「學習課程」來學習，而不是遵循學校教育的「教學課程」（teaching curriculum）。此學習課程是依照學習者自己的興趣設計的，但是，它不是單獨從整個社群分離出來的學習計畫，而會是受到社會關係、社群文化、及社會實習形塑的學習課程，所以說，學習課程是具有「社群」（community）的特徵。在一個社群裡，每個人都可能有不同興趣、觀點，每個人對於社群的貢獻也都不一樣，同時，每個人參與社會實習的層級及形式，都不盡相同。在學員參與社會實習的時候，不見得其他的成員都需要在場參與社會實習；也沒有說，哪些人們應該

形成一組，來進行社會實習的參與，而且，這個社群也沒有特定疆界或範圍。所以，在社群裡的學習課程，是學員主動結合其他學員，可能是老手、專家，或是其他新手，合法且邊緣化地參與社會實習，共享他們實習當中所理解到的東西，思考這些理解到的東西在他們生活及生命中的意義，以及探尋這些理解到的東西是否會給此社群帶來貢獻。

　　在這裡，我們舉一個例子，來闡述實踐社群理論的「學習課程」。這個例子是從Jordan在1989年發表一本書中所提及的一個例子，在Yucatec的那個地方，有一個學習如何接生的社群（家族）。在這個家族裡面，他們是傳承接生技藝的，而且，「接生婆」這個職務，基本上，是傳給女兒的。新手通常是從跑雜物開始學習，例如：到外面採一些草藥、搗藥或類似的雜物，因為在接生的過程，可能需要用一些麻醉的藥物，所以，新手需要上山採藥。除此之外，還有許多類型的雜物需要新手去做。她們做雜物的時候，有時是與母親一起做，有時是在請教母親之後，自己獨立做。這些雜物的處理等同訓練，都是準備以後正式接手接生工作時所需要的。這種知識及技術的傳承，不著重在教這個新手如何成為接生婆，而是實際上讓新手邊做邊看邊體會；對新手而言，她是仔細地觀察媽媽

或祖母，是如何處理有關接生前的所有事物。這牽涉到哪些東西要準備好，接生的順序為何等等。

　　當她處理雜物的經驗愈來愈多時，她的媽媽或祖母（專家）會覺得，她幫忙實際接生的時機，漸漸地成熟，於是乎，會叫她過來幫忙接生，例如：傳遞接生的工具等等。在幫忙接生瑣事的同時，新手也一面在旁觀察實際接生的進行，到了新手已多次在旁幫忙實際接生，而且，見識過許多次媽媽或祖母（專家）如何處理實際接生事宜之後，媽媽或祖母便會找機會讓她親手試著接生，同時，從旁協助。所以，從身為新手的觀察，到擔任助理的實習，再加上媽媽或祖母（專家）提供的要領，以及後來的親身實際操作，新手累積了多次的經驗之後，逐漸成為一個真正的接生婆！這是一個有關學徒學習經驗的過程。

　　在這個學徒學習經驗的整個過程裡面，很明顯地，看得到這個社群（家族）沒有一個教如何接生的「教學課程」。新手的學習完全是根據自己的「學習課程」來學習的。在她們的學習課程裡面，新手不僅僅是只有觀察或複製老手的經驗，她們也實際參與一些工作。由跑雜物開始，實際地參與社會實習。在學習課程的開始階段，她們所負擔的工作責任是很輕微的。因為這是個家族的事業，這些女孩都有憧憬，想變成像媽媽或祖母般的專業接

生婆，這種企圖心應該是維持她們持續學習的力量，導引她們主動去和母親或祖母保持密切的關係，向她們請益，詢問有關如何接生的技藝，所以說，當媽媽或祖母在進行實際接生的同時，她們也都有機會去參與。在參與的過程中，與媽媽或祖母共享接生的心得。在多次參與接生的經驗之後，她有機會重整活用過去接生的經驗，並實際地完全參與接生的工作。在此之前的參與都是部分參與，所負的責任與參與的內容會隨著參與次數和時間的增加而增多，最後達到完全參與的目的，也就是她能獨當一面，親手主持接生的工作。到了這個時刻，她即已成為一個接生的老手。

在這個社群（家族）裡，新手、老手及專家之間的關係，老早已被設定，她們是親子之間的關係。這種親子之間的關係不需要太多的經營，即可獲得，所以說，在新手變成老手的過程當中，新手在關係上的取得以及身分地位的建構，是完全沒有問題的，因此，此社群的環境很利於他們變成老手。

就如同這一章接生婆的例子一樣，在第二章裁縫師的例子裡面，也是沒有教學課程，有的只是個人的學習課程。通常，學徒們在認真地觀察專家或老手做衣服的同時，也會觀察其他在店裡的人處理事情的方法，並且，他

們也會觀察其他學徒的學習情況，等到時機成熟的時候，便開始動手裁縫。由於他們學習的方式是一種逆向學習，學徒仔細鑽研縫製各個部位的技巧之前，學徒已經知道完整衣服縫製的情況，然後，學徒會去瞭解所有各個部位縫製的技巧，每個新手的進度快慢不一，他們的遭遇也不盡相同，所以，每個新手的學習課程都不一樣。

在第二章海軍航海人員訓練的例子裡面，專門學校的航海教學課程，並不能貼切的應用在船上的實習上。反而，在船上實習的學習課程比較能夠被實際運用在船的航行。這個例子證明，按照單一學習者本身量身訂做的學習課程，比較實用，也比較容易被學習者所接受。

在第一章屠夫學徒經驗的例子裡面，學校的教育課程並不適合新手的學習，原因是學校的教育課程不會根據新手未來工作上所遭遇的問題，來設計教學的，所以說，在這個例子裡面，學校的教學課程往往不符合學員日後的工作所需。

在第二章酒癮者學習戒酒的學徒經驗的例子裡面，並沒有學校的課程，教授如何戒酒，而是在戒酒老手的帶領下實際參與戒酒的實習，這應該是一個學習的課程，而非教學的課程。在這整個戒酒的過程中，喝酒成癮的人所得到的體會並不是透過一個教學的過程，也不是從書本得來

的。戒酒的老手並不像是老師一樣去教喝酒成癮的人，只不過是分享了一些他們個人戒酒生活上的故事而已，他們沒有一定的教材來講述，他們都只是在陳述自己的生活經驗，並且，希望自己生活經驗的陳述對那些喝酒成癮的新手有所幫助。而那些喝酒成癮的新手也一樣，他們也不是從書本裡去學的，他們會選擇聆聽某些戒酒老手的戒酒生活經驗，充當他們的學習課程，與那些戒酒老手分享戒酒的點點滴滴，以期達成戒酒的目的。

　　實踐社群理論所強調的，學習即是合法且邊緣化參與社會實習，這種學習並不是複製他人在社會實習上的演出，也不是直接吸收課堂上，或是社會實習上的知識及技術，而是，重整活用（reproduce）社會實習上所產生的知識及技術。重整活用是需要有適切的場所（外在環境）及有適切的關係網，才能達到的。根據觀察，學員經常在他們的日常生活中，重整活用他們在社會實習中，所領悟或理解的知識及技術。譬如說：高中生學物理，他們可能將他們理解的物理原理及現象，應用在日常生活上，這就是重整活用所學。唯有透過重整活用所學，才能讓學員深切瞭解知識及技術，也才能讓他們從新手蛻變成老手。從這個觀點來看，增進學習效果的方法，應該不是增進教學的方法，而是改進學習的環境及學習者的關係網，讓學員有機會去活用他們的所學。

第四章

接近學習資源
（Access to Learning Resources）

　　如何接近學習資源是學習的重要課題之一，就實踐社群理論而言，要達到合法及邊緣化參與的主要途徑，就是可以接近學習資源。在一個社群裡，新手有動機且積極地參與社會實習，進行合法且邊緣化的參與，但是，如果他們無法，或是有困難，接近學習的資源，那麼，一切社會實習將歸於枉然。接近學習資源有廣義的解釋，其代表新手可以接近任何正在進行的社群活動，可以接近社群內所有老手、專家、及其他新手，可以接近社群內所有資料、消息、知識及技術，及可以接近社群內所有可以參與社會實習的機會。在實踐社群理論觀點下的學習，如果要將學習發展得淋漓盡致，如果要讓學習更有效果，就應該讓社群所有成員，尤其是正在進行合法且邊緣化參與的新手，可以沒有任何困難地，接近所有學習的資源，然後，這些成員即有可能順藤摸瓜，得到良好的學習成果。

　　依據Vygotsky的社會文化理論，身為萬物之靈的人類，經常是利用工具進行學習的，這種工具可以是語言、科學理論，航海家所用的聲納、雷達等等。我們是透過語言進行溝通，瞭解一些我們不知道的事務，所以，語言變成我們必備的工具。我們探索奧祕的大自然，設計一些電子、機械等工具，都需要用到科學理論，這其中包括了物理、數學、化學及生物等的基本理論，有了這些基本理論

的認識及使用，才有可能發現大自然的奧祕，才有可能設計製造電子及機械的工具，以利人類生存及生活，所以，這些科學理論也可以是我們學習的工具。航海家用雷達來進行定位，以便知道船的航行位置，以利他的海洋探尋；他也會用聲納，來偵測海底的暗礁，以避免擱淺。所以，雷達及聲納可以是海洋探尋的必備工具。

就實踐社群理論的觀點而言，瞭解上述工具的原理，比學習如何使用該工具，更重要。也就是說，瞭解它比使用它，更重要。這些學習的工具，並不是在學習的當下才有的，而是很久很久以前，被人類開發出來之後，歷經人類世世代代的實習，為了配合人類的生存及生活，不斷的改進及更新，才達到現今的面貌。我們可以說，這些工具是歷經世世代代歷史及文化的洗禮，才有今天嶄新的功能。所以說，這些工具都蘊含著歷史及文化的遺產、試煉及洗禮，而這些正是這些工具原理中的最重要的一項。就實踐社群理論而言，學習並瞭解這些工具所蘊藏的歷史文化遺產及洗禮，遠比瞭解如何使用這些工具來得重要。也就是說，知其所以然，比知其然，更重要。

就實踐社群理論而言，接近學習資源的最好方法，就是讓學習資源透明化（transparency）。透明化是一個簡單的概念，就是讓學習工具的原理、重要性、應用及如何

使用，都垂手可得；讓所有社群的人，都知道任何活動訊息及實習的機會；讓所有人都有可能接近其他社群的人等等。也就是說，社群所有的資源並不應該在黑箱內作業，而應該是在一個透明的玻璃箱內作業。

在社群裡，使用學習的工具進行社會實習時，通常都有一些特定的目的，而且，不同文化背景或是社會機構的人，在使用這些學習工具的時候，所用的方法可能有一些差異。這些特定的目的，及不同文化或社會所造成使用方法的差異，並沒有顯現在該工具的特徵及功能之上，而他們的產生是由於社會實習。像這些因為社會實習才能產生的現象及過程，也應該透明化，而他們的透明化，是透過社會實習，才能體驗到的。

傳統上，有兩個極端的學習方式：一個，是靠著實作來學習；另一個，是從抽象面來學習。實踐社群理論所提供的，是第三種的學習方式，就這第三種的學習方式而言，不僅是要實作來學習，而且，在實作的過程中，學員透過溝通，分享實習過程中所瞭解的經驗，同時，做其「意義」的磋商及再磋商。在做這種社會實習的時候，整個社群安排所有活動的方式，儘量讓所有知識及技術所蘊含的意義透明化，以便合法及邊緣化的新手學習。

就實踐社群理論的觀點而言，「透明化」的另一個

意義，是當學習者使用學習工具進行社會實習參與的時候，他們一邊使用學習工具，一邊去瞭解學習工具的重要性及其原理，這兩種動作交互進行，於是乎，就交織形成一種學習的過程，這種「去瞭解學習工具的重要性及其原理」，就是一種將知識、技術及學習工具透明化的一種方式。

就學習課程而言，學員在「社群」裡，進行社會實習，並且，從社會實習當中，學習到知識及技術。這個「社群學習」的概念，首重合法且邊緣化的參與。合法且邊緣化的參與，代表的是一種積極、主動的學習態度。如果沒有此態度，在一個渙散的社群裡，是無法進行主動的社會實習，達到學習效果的。在新手進行合法且邊緣化參與的情況下，知識與技術存在社群的位置、知識與技術的透明度、以及接近知識與技術的管道，就變得很重要了。參與社會實習的目的，是在於學得知識及技術，如果不知道知識及技術身處社群的哪個地方，可能會讓合法且邊緣化的參與，徒勞無功。那麼，知識及技術身處社群的何處呢？在「實踐社群」實施的同時，自然而然，會創造出一些條件，讓知識及技術產生，但是，這並不是意味著，知識及技術有形的庫藏於社群之中。那麼，知識及技術如何在「實踐社群」實施的同時，自然而然地被創造出來呢？

由於學員合法且邊緣化地參與社會實習，進行「意義」的磋商及再磋商，共享參與社會實習的心得，於是乎，在磋商之間、在共享之際、及在社會實習之中，知識及技術即自然而然地，在社會實習者的努力之下，被創造出來了。

在第三章接生婆的例子裡面，由於接生是那個家族的事業，而且，女兒傳承接生婆的經驗，是一件理所當然的事，所以說，接生的技藝對此家族的女兒，是完全透明開放的，只要新手（女兒）願意學習的話，整套接生的技藝都會呈現在她們眼前，所以說，接生技藝的透明化是幫助新手過渡到老手的一大助力。這些接生技藝的傳承，並不是將其記載在書本內，然後，由新手從書本中習得。也就是說，這些接生技藝並不是有形的庫藏於此社群內。相反地，這些接生技藝是在接生實習的時候，新手、老手或專家共享心得，相互磋商其「意義」，自然而然地產生出來的。

在第二章裁縫師的例子裡面，此裁縫師傅傳授之道，是一種逆向學習的方式。這種逆向學習的方式，也是一種學習資訊完全透明的方式。它讓學習者在鑽研各部位裁縫技能之前，即已瞭解縫製整套衣服的裁縫資訊，有利於學徒在裁縫技術上面的整合。此裁縫社群的新手，歷經長時期（約5、6年）合法且邊緣化參與整個社群的實習

活動，最終，他們也可以成為裁縫師傅，繼續帶領一些新手（學徒）學習做裁縫。從這個觀點看，整個裁縫社群不斷會有一群合法且邊緣化的新手蛻變成老手師傅。在蛻變的過程當中，他們不僅僅只有複製其他老手裁縫的技術而已，新的裁縫知識及技術也會在社群學習的時候，被發展出來，造成整個裁縫社群不斷地更新。不但是，人的更新，裁縫知識及技術也不斷地更新。久而久之，裁縫社群應該會往脫胎換骨的方向走，因為發展出來的新知與技術會取代舊有裁縫的技術與知識。這就是人（學習者）及社群的再生（re-production）。

在第二章海軍航海人員訓練的例子裡面，在六大領域之中，他們用了很多精密的工具，但是，大部分這些精密儀器只有為單一領域的老手或專家所使用，當他們在操作這些精密儀器的時候，基本上，其他領域的新手是無法看到的，所以，這些學習的資訊對其他領域的新手而言，是不透明、不公開的，這會造成其他領域的新手在繼續學習整個航海知識及技術的困難。

在第一章屠夫學徒經驗的例子裡面，在這個社群裡面，屠夫學徒在超級市場工作環境的空間設計，是封閉式的，於是，這些屠夫新手只能個別從事某項技術發展，參與某項技術的社會實習而已，他們無法觀察到其他屠夫從

事其他技術的社會實習情況，所以，侷限了他們學習其他技術的機會，自然而然，其他技術的學習資訊對此新手而言，是完全的不透明、不公開的，此種封閉式的接近學習資源結構，阻礙了新手合法且邊緣化、全面發展參與社會實習的機會。除此之外，當合法且邊緣化的新手參與社群實習的時候，整個社群結構只考慮新手是否專一某一項技能而已，如果新手逐漸熟悉某一技能的時候，整個社群會不讓他去學習其他的技術，而讓他專精於某一項技能，於是，他會失去學習另一項技術的機會，因此，對屠夫新手而言，整個社群的接近學習資源的結構是受到部分阻礙的。此外，我們都知道屠夫切肉整個程序需要各種技術，但是，這些屠夫只專精其中某一技術而已，無法學習屠夫該具備的所有技術。之所以會造成這樣的情況，封閉式的空間設計讓屠夫的各種技術，變得完全不透明，學習的資訊無法暢通，大大的侷限合法邊緣化新手的參與社會實習的機會，一般認為學徒式的學習經驗有助於新手的學習，但是，這個例子正好相反，整個社群接近學習資源的結構，侷限新手學習屠夫所有技能當中的一項而已，卻抑制了新手學習屠夫其他技能的機會，這可以說是以學徒方式進行學習的一個最不好示範。

　　在第二章酒癮者學習戒酒的學徒經驗的例子裡面，

戒酒成功的老手們，主動向戒酒的新手呈現漫長的戒酒經歷，分享戒酒的心得，讓戒酒的新手可以看到什麼樣的戒酒方法，可以達到什麼樣的戒酒程度，戒酒完後，整個人生又是怎樣的一個生活，以及戒酒過程當中，所經歷無數次戒酒的戒絕症狀及其克服之道，這些種種，都是學習戒酒的資訊，完全透明公開在戒酒新手之前，讓戒酒新手可以很清楚知道戒酒的好處、戒酒的方法、戒酒之後可能產生的戒絕症狀、以及如何因應無數次的戒絕症狀。這些資訊的公開，也同時讓戒酒的新手感覺到戒酒並不是一個不可能的任務，而且，有許多成功的例子已呈現在自己的眼前。這種新手－老手互動的過程是沒有障礙的，接近戒酒學習資源的結構，也是沒有障礙的。

　　「學習課程」是一種學員「接近學習資源的結構」（access structure to learning resources），學員藉此結構，參與社會實習，學習知識及技術。此種「接近學習資源的結構」會受到社會結構很大的影響。在一個大社會或是社群裡，「接近學習資源結構」所身處的位階，應該是在多種的社會結構之下，所以，社會結構有可能侷限或是促成「接近學習資源結構」的發展，影響學習的效果至鉅。譬如說，一個社會或是社群的政策不是很周全，無法面面俱到，有可能讓一部分的新手硬生生地無法接近學習

資源，即使新手是一個很積極的「合法且邊緣化的參與者」，無論是「學習課程」如何被良好的設計，只恐怕新手還是無緣接近學習資源，做有效的學習。

　　此外，接近學習資源的結構也會受到權力關係，很大的影響。在一個大社會或是社群裡，有多種社會的結構，也有運作這些社會結構的人們，這些人們生活在一起，自然而然會在此社會或是社群裡，產生權力的關係，每個人也都在這權力的關係當中，有一個「個人的定位」（personal identity）。這些權力的關係及個人的定位，是維持一種動態穩定的狀況。在這種社會權力關係的結構之下，屬於相對弱勢的人們，個人關係網以及個人定位的建立，會受到社會權力關係結構的侷限。受到限制的個人關係網，可能讓新手在社會實習的時候，沒有適當的合作夥伴，所以，在社會實習的時候，就不易激起學習資源所包含的知識及技術，因此，學習效果自然就不好。這個現象經常發生在年紀較小的學生身上，一些比較有權勢的學生經常會採取實際動作，占據許多參與實習的機會，而相對弱勢的學生，只有接受別人不要而留下的實習機會，所以，自然而然的，相對弱勢的學生學習效果比較差。實際上，這就是一種「霸凌」的現象。

第五章

以實踐社群理論為透鏡，透視學習及社會現象

　　在上面的四個章節裡面，我們已經介紹了實踐社群理論的一些主要概念。在接下來的這個章節，我們準備活用這些主要概念。活用這些主要概念的方法之一，是將其做為透鏡，實際透視一些已發生的學習及社會現象。就這些已發生的學習及社會現象而言，我們將取材於已發表的文獻資料。至於如何透視文獻所提及的學習及社會現象，我們將同時採用我們以及該文作者的方法，詳細闡釋這些學習及社會現象，將不易為人所察覺的現象，轉化成顯而易見的解讀。因此，在這一個章節裡面，我們將仔細介紹一些文獻，這些文獻是用實踐社群理論為理論架構（透鏡），來透視學習及社會現象。除了陳述文獻作者是如何用實踐社群理論為透鏡，來解讀該文獻所提及的學習及社會現象之外，我們也會以實踐社群理論為透鏡，針對這些學習及社會現象，提出我們的闡釋。

　　Angel Lin（2000）在她的一篇文章中，描述了社會因素如何影響教室裡的英語學習。她藉由問卷調查與和學生訪談的方式，進行資料的蒐集，來呈現不同學校四個班級的學生，在教室裡學習英文的情形。任課的英文老師和學生一樣都是香港人，他們的母語都是廣東話。以下是四個班級的介紹：

A班級學生在教室裡學習英文的情形

　　A班級的教室是座落在一間有名望的女子學校裡，所有A班級學生都是九年級生，他們的總人數是33人，平均年齡大約在14、15歲左右。大部分學生的家都在學校所在的高級住宅區裡，他們的父母都是專業人士，做生意的高階主管，或是大學教授。在家裡，學生大部分是講廣東話，但是，他們有很多接觸英語的機會，譬如說：他們經常以英語與他們的菲傭交談、收聽英文的電視新聞、閱讀各種不同的英文課外讀物，例如：英文漫畫書、報紙、時裝雜誌、偵探小說、科幻小說、流行青年雜誌、及讀者文摘。

　　A班級老師在所有參與這個研究的四個班級老師之中，英文能力是最好的。對她而言，英文不僅是教學的工具而已，她也將其應用在日常生活之中，譬如說：她用英文和學生閒話家常，話題包括她自己的孩子、購物習慣、母親節、還有對很多事情的感受等等。除此之外，她對英文的文學也感到興趣，有空時，她會閱讀英文雜誌，並將閱讀過的英文雜誌帶到學校，和學生分享。

　　在A班級的英文閱讀課裡，一切都進行地非常順利。老師針對學生已經閱讀過的內容，提出一些高程度的問題，在這些問答的過程當中，學生和老師所用的語言都是

英語。在大部分上課的時間裡面，教室裡的氣氛時而嚴肅、時而輕鬆，學生們似乎都非常專注於老師的講述。在其中有一個例子裡面，老師要求學生閱讀一篇文章，在學生閱讀該文章之後，她提出一個問題，讓學生分組討論此問題，要求學生由故事發展的幾個節點，去思考那個問題，並且，提示他們可以從書中的某些部分得到暗示。在學生進行分組討論的時候，老師到各組參與討論，並且，針對一些問題，引導學生做更深入的思考。因此，在分組討論之後，在全班討論之前，學生大多已經準備好如何回答老師的問題了。在學生回答問題之後，老師針對學生的回答，做出若干的闡述，以引導出該文章的主題，並且，鼓勵學生學習該文章中的主人翁的作法，在努力工作、面對困難之際，不要失去赤子之心。

B班級學生在教室裡學習英文的情形

B班級學生總共人數是42人，包括20個男孩及22個女孩，平均年齡大約在12-14歲左右。這個B班級所在的學校是在政府補助公寓的旁邊，B班級學生的家庭也都是住在這些公寓裡面。學生家長的教育水準比較不高，他們的學歷從小學到高中都有，從事的行業都是手工或服務業。在家裡面，學生們都說廣東話，而且，他們接觸中文的機會非常頻繁，譬如說：看電視裡的中文新聞、閱讀中文的

漫畫書、愛情故事、鬼故事、報紙和流行青年雜誌。但是，不管是男孩或女孩，平常在家裡面，他們都沒有養成接觸英文課外讀物的習慣。

在老師的眼中，這個班級的學生經常採取反抗不合作的態度。爲了瞭解學生上此英文課的意願，Lin（該文作者）對這些學生做一些非正式的訪談。在此非正式訪談的當中，這些學生測試Lin是不是瞭解他們彼此知道的玩笑話，藉此來捉弄Lin。當Lin問他們是否喜歡上英文課時，他們用一種誇張的且玩笑式的口氣，說他們喜歡上此英文課，但是，Lin所感受到的是，他們故意給她想要的答案。因此，Lin再次告訴他們，她要聽的是實話，並且，不會把知道的結果告訴學校單位，所以，他們就比較樂意說出心裡的話。學生說這堂英文課很無聊，他們聽不懂大部分老師所講的話，因爲老師在課堂上只說英語。當他們聽不懂而要求老師解釋的時候，老師還是用英文解釋，所以說他們不懂上課的內容，並且覺得英文課很無聊。因爲無聊，他們便在課堂上聊天、遊戲，但是，他們又怕老師問問題，因爲如果無法回答老師的問題，他們會覺得很丟臉。

這個班級的男孩並不喜歡英文，同時，也並不認爲自己日後會上大學，可是，他們又清楚地知道英文是日後找

工作、立足社會重要的工具，所以，他們對學校與未來的生活感到矛盾。

　　有時候，B班級的英文老師和班上部分男孩子之間的關係是緊張的。老師對他們上課不專心聽課，或在私底下聊天，很不高興。有一次，老師要求學生分成4、5組，閱讀《湯姆歷險記》，然後，由一位代表用五、六十個英文字來重述那個故事。每一組都被要求寫一個概要，來概括主要的觀點。當老師在前面做說明時，學生在下面以廣東話大聲反應說，他們不知道該怎麼做，老師則用英文再一次重複說明，然後，便前往各組幫忙。當老師前往各組幫忙的時候，大部分的學生用廣東話大聲喧嘩，無心做他們該做的任務。此時，有一位在後座的女孩，在一張紙上，寫著當時正在流行的廣東歌曲。在整堂課裡面，老師持續的用英文講解，可是，學生除了被叫起來重述故事時用英文之外，其他的時候，他們都說著廣東話。儘管學生會在重述故事時使用英文，可是，他們講英文時，卻如同機械般的，毫無表情可言。在某學生用英文重述故事的時候，其他人則繼續吵雜的用廣東話交談。老師對學生的報告，只給了簡單的評論，她評論的時候會說：「很好，這組的報告包含了所有的觀點。」或是「蠻好的，他們這組涵蓋了某些觀點。」每當老師對某一組作完評論之後，她

便又立刻叫下一組接著報告，似乎是急著要在一定的時間內，讓所有組別報告完畢。

C班級學生在教室裡學習英文的情形

　　C班級的學生都是八年級生，是一個由19個男孩和20個女孩組成的班級，學生的年紀大約在13、14歲左右。C班級所在的學校座落在靠近工業區的一個城鎮裡，學生的社經背景、社會語言、和課外學習的資源和B班級的學生類似。在學校教育之外，在日常生活之中，他們接觸英文的機會非常地少，所以，他們並不瞭解教科書裡的許多字彙，也不知道如何發音。

　　在課後，Lin對這班上的男同學進行非正式訪談，學生們說這堂課困難且無聊，但是，他們也表示知道學英語的重要性。那些男同學經常用「無聊」這個詞來形容他們的生活，然而，儘管他們覺得學校的英文課無趣，但是，他們還是寧願去學校上英文課，因為他們去學校上課，最起碼還有朋友可以一起玩，但是，如果他們留在家裡，沒有朋友可以一起玩，生活就更無聊了！

　　在Lin所觀察的一堂課裡面，課程的進行分成三個步驟。第一個步驟是發生在閱讀之前，在這個步驟裡面，老師使用「老師提問（initiation）—學生回答（response）—老師評估（evaluation）」（IRE）（Hall & Walsh,

2002）的方式，問了同學幾個有關故事主題的問題，使學生更瞭解故事的主題。然後，第二個步驟是閱讀，在此期間，老師在黑板上列舉了10個需要進一步思考的問題，接下來，要求同學在15分鐘內，一邊閱讀，一邊在課文中找出答案所在，並且，用筆劃線註記。最後一個步驟是對答案，在這一個的步驟裡面，老師又用IRE的方式讓學生回答上述的問題，老師通常得用廣東話來重述，或詳述英文問題，才能得到學生的回答，然後，再把學生用廣東話回應的答案，以英文表達出來。

　　Lin提到了一個在對答案時所看到的實例，她看到一位學生在無趣的IRE方式下學習，居然還能有創造力的展現。一般來說，老師以IRE的方式要求學生從課文中找固定答案的方式，是方便老師教學的，然而，對這些13、14歲的孩子來說，簡直是大大地限制了他們的想像力，但是，其中有一位學生竟能把一個死板的答案，轉換成一個有趣的方式來回答，如此一來，整個故事就如同漫畫一般的生動起來。在這個年紀所愛閱讀的漫畫中，漫畫中的人物經常會做一些可笑的、不可能發生的事，而那些娛樂正是從這些把不可能或不可預期的幻想，加諸在熟悉的、可預知的日常生活中所得來的。從其他學生捧腹大笑的結果看來，這個製造笑點的學生，變成了一個受人歡迎的熟

練說書者。

D班級學生在教室裡學習英文的情形

最後的這個D班級是由30位年紀大約在12到13歲的學生所組成的，他們分別是20個男孩及10個女孩，他們的家庭、社經背景和B、C兩個班級的學生相差不遠。

這個班級裡的氣氛非常活潑，大部分的學生，在多數的時間裡，都專注於老師上課的內容，與老師要求的工作。他們似乎很喜歡他們的英文課，同時，他們也很希望老師要他們回答問題，因為他們看起來都很有自信及能力去回答問題。

當Lin在課後對他們做非正式的訪談時，他們說他們喜歡上這堂課，尤其喜歡他們的英文老師。他們喜歡老師說故事，並且，感謝她能清楚地解釋故事內容給他們聽，例如：老師會提供他們一些如何分辨相似字的竅門。他們對學校的學習和未來，都感到有希望。他們認為他們可以把英文學好，因為他們在學校字彙練習與測驗的結果愈來愈好。老師幫他們每個人都做一個圖表，從圖表中，學生們可以看到自己進步的情形，然後，根據這個圖表，老師給表現最好的同學獎品。同學們認為他們可以在學校表現的很好，日後也很有機會可以到大學去就讀。

在所有參與研究的4位老師中，D班級老師用最多的

廣東話來教學，她不管是解釋字彙、給指示說明、解釋文法、使英文課文的內文活潑化、或是與學生的互動，大多以廣東話來進行。她基本上認為學生的英文程度還在初級階段，沒有能力可以全程使用英語來溝通，因此，先用母語教學，可以幫助他們瞭解英文，並且，讓他們對英文感到興趣。她也發現，在過去一學年內，學生的英文進步很多，例如：學生學英文的動機增加了，考試的成績也進步了！

接下去，我們將以實踐社群理論為透鏡，透視上述四個班級英文學習的情形及社會現象。在A班級裡，學生有好的家世背景，父母親的教育程度高，有機會讓學生在日常生活中，頻繁的接觸到英文的課外讀物，與英文建立起一個良好的關係，所以，當老師用英文上課的時候，學生都能聽得懂。換句話說，就這群學生而言，接近學習資源的結構（access structure to learning resources）是良好且暢通無阻的。這裡所顯示的學習資源，指的是老師在課堂上用英文講述的內容。此外，因為A班級學生的父母親是高級知識份子，而且，有不錯的英文底子，所以，這些父母親可以當作一個老手（在英文上面，有經驗的老手），在日常生活上，給予他們的孩子（新手）英文上的輔導，這種新手（學生）—老手（父母親）的關係，對學生在學

校的英文教育，應該有正面的影響。就學生在學校的學習及與老師互動的情況而言，A班級的學生應該是合法且邊緣化的參與英文的學習者，他們的學習的動機是強的，對未來有無限的憧憬。

反觀B班級的學生，由於他們父母親的教育水準比較低，經濟能力比較差，所以，B班級的學生在日常生活上，很少有機會接觸英語、使用英語。換句話說，他們平時幾乎沒有機會與英文建立起關係。除此之外，他們父母親的英文底子也不見得好，無法在英文學習上面充當老手，在適當的時候，給予他們英文學習上的輔助。所以，他們與他們父母親關係的建立，對於他們英文的學習，幾乎沒有任何幫助。但是，他們的老師卻用英文來上課、來解釋，這讓英文程度很低的他們，如何能聽得懂老師上課的內容？這些B班級學生的接近學習結構幾乎完全是被阻斷的。由於這些學生對未來前途的不樂觀，更不認為他們會在英文相關的領域發展，所以，他們上英文課時候的態度，非常的不積極，我們可以說這群B班級的學生，雖然說是合法化地參與英文學習，但是，他們並非是邊緣化參與英文學習的學習者，因為邊緣化的參與，代表的是一種有企圖心、積極的參與，代表的是一種往全方位方向進行參與的一種參與。

就C班級的學生而言，如同B班級的學生一樣，他們平時幾乎沒有與英文建立起關係，他們與父母所建立起的關係，也無助於他們對英文的學習，因為他們父母親的英文底子也很差。但是，他們的英文老師不完全用英文上課，老師經常用他們聽得懂的母語，讓他們瞭解，再配合相關的英文學習，也可以說是用母語，來學習第二外國語言，就是因為如此，讓C班級學生的接近學習資源結構不受阻斷，應該是暢通的。但是，這種在教室裡學習英文的方式，是一種以老師為中心的IRE的教學課程（teaching curriculum），而非以學生為中心的學習課程（learning curriculum），難怪學生對上課所學不感興趣，因為教學課程的內容，並非是學生想學的。話雖如此，我們在這個現象裡看到一個例外，居然有一個學生會在無趣的環境之下，做出有興趣的、有創造性的參與，令人刮目相看，可能的解釋是，該同學正好擅長他所參與的社會學習，也就是說，他正在執行他的學習課程的實習。

D班級的學生與B、C兩個班級的學生一樣，他們與他們父母親關係的建立，無法對他們英文的學習有顯著的幫助。他們過去的日常生活，也沒有與英文建立起適當的關係，但是，他們的英文老師在上課的時候，大部分都是以母語來上課，同時，學生以母語來學習英文，所以，

他們的接近學習資源結構（access structure to learning resources）是暢通無阻的。

D班級的老師也是該班級的導師，她利用午餐、課後、及大部分的休息時間，和同學們討論他們個別的問題，例如：學生忘了帶課本來學校、其他課程的問題、或是考試成績不理想等等。除此之外，她經常與學生一起吃中餐，和學生建立起一個非正式、私人之間的關係。因此，該班級老師與學生在課餘之際所建立起非常好且綿密的關係，這對學生接近英文學習資源，有絕對正面的學習效果。與B班級及C班級學生不同的是，D班級的學生對於未來有無限的憧憬，也很積極的學英文，所以，他們絕對可以稱得上是合法且邊緣化地參與他們的英文學習。

D班級學生學習動機的建立，及邁向全方位參與的努力，有一部分是來自於老手（老師）對新手（學生）的獎勵，還有一部分是來自於新手（學生）自信心的建立。在新手自信心的建立方面，老手（老師）幫助新手（學生）建立一個表現是否進步的圖表，使得新手（學生）有機會肯定他們參與英文學習是有效的，這對學生邁向全方位英文學習的參與，產生正面激勵的作用。

接下來，我們要來探討有關在團體以及社群裡的學習，對學習者個人的定位，有什麼樣的影響？Kelleen

Toohey（1996）曾經長期追蹤某個小學裡的一個班級，從幼稚園到小學二、三年級小朋友學習英文的過程，在她的研究裡面的主人翁，是一些從外國移民至加拿大的新移民，他們的母語不是英語。在她研究裡面的一位主角，名字是Harvey，他是來自於新加坡的新移民，他的父母親是說潮州話，對英語並不擅長，但是，為了考慮讓小孩子能早日適應加拿大的生活，他的父母親便和Harvey在家裡說英文。儘管他的母親說Harvey是個很聰明的孩子，然而，因為Harvey的英文有很濃厚的口音，所以，許多同班同學都聽不懂他所說的話，即使是老師也聽不懂他講的話，因此，每當Harvey與其他同學一起玩的時候，他的同學經常會取笑他的英文發音，而且，大部分的同學並不喜歡他。

　　Harvey的能力有限，受到班上同學的排擠，以下是一些例子：雖然Harvey的母親說他十分聰明，但他的班導師卻發現Harvey不太會寫自己的名字。對教室的用品，例如剪刀、蠟筆、黏膠等等，Harvey也都不是很在行。Harvey的肢體動作也不甚靈敏，很多時候，其他的同學會要他離開他們遠一點。在很多的場合裡，Harvey會咳嗽、打噴嚏、流鼻涕等等，有時候，在老師提醒他要擦鼻子的時候，其他同學會露出一份噁心的表情。

　　Harvey和其他同學相處得並不融洽，以下是一些例子：Harvey為了玩具和其他同學有多次的爭吵，因此，許多同學不讓他進入他們的群體遊戲，也就是說，許多同學不和他一起玩。就是因為如此，在很多的時候，他經常是獨自一個人玩，並且抱怨沒有人和他一起玩。他常常覺得自己是木製火車的專家，學期剛開始時，他會很大聲地指示別人怎麼玩。他常常和班上其他的男同學有爭議，因為這些男同學並不想聽他的指揮。還有，因為Harvey經常會使用別人的物品，卻硬說是在與他人「分享」，所以造成了和同學們之間的爭議。在學期之初，因為同學不和他玩，他常會主動的參與老師帶領的活動，主動地引起老師和Toohey（該文作者）對他的注意。

　　在長期受到同學的排擠之後，Harvey的行為開始往負面的方向改變。譬如：下學期開始後，老師說他的學業技能停滯不前，他不再像以前那樣會主動講話，提供資訊。他也愈來愈少參與以前喜歡的識字活動，即使是老師帶領的活動，雖然他還是會參與，但是，他已經不再像以前那樣積極與人互動了！

　　另外一位主角是從香港移民過來的小女孩，名字是Amy，她在幼稚園開學前的周末，才到加拿大和她的祖母、舅舅、舅媽和表弟一起住。Amy到加拿大的時候，

一句英文都不會講，但是，就她的年紀來說，她的粵語程度是不錯的。在學期一開始的時候，許多同學就很喜歡她。雖然她不會說英語，沒辦法與其他人對話，對老師講的故事也不感興趣，但是，其他的學生卻喜歡與Amy一起參與活動。Amy雖然不太會說英文，卻常對別人微笑，也會用手勢、肢體語言來告訴同學們、甚至老師，她想要或想做的事情。在Toohey每一次的觀察裡，至少都會有一個女同學牽著她的手，或是在一起參與的活動中坐在她的旁邊，Amy也通常會給予同學熱情的回報，幾乎每次只要她提出要求，同學們都會讓她加入她們的活動。很多同學都認為她是個需要被照顧的小女孩，她們也樂於去照顧她。Amy在香港上過學齡前預備的課程，她在繪畫、彩圖，和對文具使用的技巧，比起其他同學要純熟，因此，雖然她外表上較他人嬌小，但是，她的勞作做的比同齡的同學純熟，因此，她在許多交換禮物時所做的勞作，獲得了同學們的讚賞。

開學兩個月後，Amy開始口頭參與課堂上的常規活動，她的語言能力，在接下來的兩個月後愈來愈有進展。到了下學期的第二個月，她開始試圖以片語和短句和同學、老師交談。她也參與同學們玩的扮家家酒，雖然她的話不多，但已經能夠把她的角色，適當的表現出來。而

在學期接近結束的時候，靠著同伴的幫助，她的英文口語表達愈來愈有深度。另外，在粵語的表現方面，Amy會主動開啓與其他講廣東話同學們之間的對話，由於她的粵語能力凌駕其他的人，她便自然而然的領導他們之間的活動，即便有另外一個在英語表達上占有優勢的同學，都得聽從她的指揮。Amy的級任老師在對她能否升上一年級的評語上表示，雖然Amy還繼續需要協助，但是她是個很有能力的學生，升上一年級是沒有問題的。

接下來我們將以實踐社群理論爲透鏡，透視這兩位小朋友的關係網、他們身分地位的建構、以及他們學習英文的效果。個人關係的建立與否，涉及很多因素，就拿Harvey的例子來說，他的一些不當的行爲，諸如：不好的衛生習慣、自以爲是、未經允許使用他人的物品、不雅的外觀，以及不清楚的口語表達，使得Harvey與其他同學無法建立良好的關係。其他同學對他有鄙視的態度，所以，Harvey在此社群中的地位是低微的，沒有人想和他一起玩或學習，導致他語言進一步發展的機會受到抑制。

反觀另外一位小朋友Amy，她諸多的行爲都受到其他同學的同情、歡迎，譬如：她的父母親不在身邊且她的體型嬌小，所以，她形同弱勢者，使得她容易受到其他同學的同情及幫助。另外，她經常笑臉迎人、動作俐落，她

純熟的勞作經驗及技巧，使得她受到其他同學的歡迎，並主動邀請她加入他們的活動。所以Amy很容易與其他同學建立良好且綿密的關係網。其他的同學看待Amy的方式是同情、歡迎及尊重，所以，Amy在此社群中的地位是受到肯定的。就Amy的英文學習而言，她剛進幼稚園時，不會講英語，但是，由於她有良好綿密的關係網，以及受到尊重、肯定的身分地位，在其他同學的幫助下，她的英文能力逐漸進步。漸漸地，她會說簡單的單字，進一步的，她會以片語和短句來表達，透過與同學玩扮家家酒的互動中，從簡單的角色扮演，說著簡單的句子，到日漸繁複的口語表達，使她由一個不善於以英語表達的新手，變一個對英文表達有自信的老手。

綜觀這兩位小朋友學習英文的現象及過程，個人關係網的建立，是與個人身分地位的建構息息相關的，同時，也和參與英語學習的機會，有著重要的關聯。

我們再看另外一個例子，這個例子是Bonny Noton（2000）所研究的一個來自波蘭，移民到加拿大，名字叫Eva的女子，她在工作場合學習第二語言的故事。Eva移民到加拿大是為了較優渥的經濟所得，並且，計畫最後能上大學，取得一個經濟學方面的學位。她知道她需要能說一口好的英語，才能到她想去的地方工作，也才能去她

想上的大學，以擺脫她作為移民的身分地位，也就是說，她認為學好英語能幫助她到「外面的世界」去。

　　Eva起先是在一間義大利餐廳工作，在那兒，她感受到得是受重視的，由於勝任愉快，她覺得舒服而自在，但是，在這家餐廳，她沒有機會可以學習與練習英文，因此，她轉換工作場所，到了Munchies工作。剛開始的時候，由於英文不好，她被安排做清掃的工作。對做這份工作，Eva認為是一份愚蠢的工作，因為她沒有機會可以學習與使用英文，雖然這個工作的環境充斥著講英語的人，但是，因為清掃的工作性質缺乏與客人接觸的機會，大大地限制了她說英文的機會，而這樣的工作內容與意義，對Eva而言，是只有那些什麼都不懂的人，才會來做這份工作的，因此，她也覺得不會有人尊重她。這一份工作雖然是她的第一份可以和人用英語溝通的工作，但是，由於她缺乏英文能力，使得她很難去建構一個工作上社交的關係網。也基於同樣的原因，她的經理不敢冒然派她直接去服務客人。

　　Eva的公司有一個政策，就是出資讓他們的工作人員，每個月免費地到外面舉辦一場活動，而這個活動卻適時地變成了改變Eva學習英文機會的一個契機。在Eva工作了數個月之後，她參加了這個公司招待的活動，也就

在這樣的機會下，讓其他的工作人員有機會看到Eva的另一面——年輕、有吸引力、會說多種語言，也有一個樂於幫助別人的男友。由於Eva有這樣一個異於她在當時工作環境上的面貌，讓其他的工作人員對她有新的認識，也與她發展出一種新的關係。就因為這種新的關係，Eva開始有機會在同一家餐廳轉換工作，從清潔的服務員，到接受點菜的服務人員，於是，她終於有機會可以接觸顧客，接受顧客的點餐。Eva學著她的工作同仁，向顧客介紹並解釋菜單上的內容。同時，她與其他工作人員以英語交談，也改善了她的英文能力。平常，在她們工作空檔休息的時候，Eva會藉機描述她以前在歐洲生活的經驗。對她的同事而言，Eva不再是那個什麼都不懂、只會清掃的移民。Eva就這樣努力抓住機會來學習英文，練習英文，也因為這樣，Eva就愈來愈有信心地用英文表達自己的想法與看法。

接下去，我們用實踐社群理論為透鏡，觀察Eva的生活經歷，及英語學習的過程。在Eva的第一個工作環境下，她與工作夥伴及顧客都建立良好的關係，但這良好及綿密的關係網，對她英文的學習沒有任何助益，因為她無法接近英文的學習資源，她的社群的工作夥伴及顧客都是講義大利話而非英文，所以，她英文能力一直無法進步，

因此接近學習資源，對學習是很重要的。

　　此外，社會的結構有可能會限制縮減或是促進幫助人與人之間關係的建立，而這關係的建立，是取得學習機會的一個重要的步驟。Eva在Munchies的工作，首先是被派去做幕後打掃清理的工作，在這個社會結構底下，她的個人身分地位是卑微的，無法直接接待顧客、與顧客對話，這種社會結構，限制縮減了她個人身分地位的建構，也侷限了她與顧客發展對話的可能性及機會，所以，Eva學習英文的情況並不順利。幾個月後，在一次員工出遊聚餐的場合中，她展現了令人稱羨的一面，這與其他員工對她過去的印象，大相逕庭。在過去，他們印象中的Eva是個不喜歡講話、自卑、只會清掃的員工，在Eva工作的時候，別人對她幾乎都是視若無睹。在那次的聚餐的時候，Eva安排了她的男友接送其他的員工，而那些被接送的人，在日後的相處，便不會對她視若無睹，所以，她有機會與這些人開始交談，而讓其他人發現她有社交的能力。當這家餐廳有點餐服務員缺額的時候，Eva便被遞補上去，開始有與顧客面對面、以英文交談的機會。這個過程，詳細描述了Eva在建構個人身分地位的努力。自此以後，Eva接近英文資源的機會愈來愈多，與講英文的顧客建立更多的關係，所以，Eva的英文能力開始有了長足的進步。這個

例子顯示了餐廳部門的社會結構（清掃部門、點餐服務部門），可能限制或者是促進個人身分地位的建立，以及綿密關係網的建構。從這個事實裡，可以得知Eva在個人身分地位建構上的努力，可以突破社會結構對她發展關係的限制。

在Kelleen Toohey（2000）的研究中，我們已經提到過Harvey和Amy，這裡我們將提及另外一位幼稚園的學生，名字是Julie，她是來自波蘭移民的小女孩。在入學之前，她被檢定是需要參加ESL（English as Second Language）的課程，可是，只有經過短短一年的時間，老師在她幼稚園課程結束之際，評論她的英文能力已經足夠和在地說英語的小朋友一樣，不需要另外的英文協助，便可以直接進入小學就讀。Julie的母親說她在進入幼稚園之前，只會說幾個英文字，但是，她在幼稚園期間，參與了諸多教室裡的活動，廣泛地與其他的小朋友互動，因此她的英文進步快速。以心理學的角度看來，Julie將會被認定是個有特別認知能力、有動機、懂策略的一個良好的英文學習者。然而，從另一個角度來看，Julie的成功，也來自於她所參與教室裡的一種社會實習，以及她和其他小朋友所建立起的關係，當然，Julie不斷去爭取自己在教室裡這個社群的地位，也造就成她這個學習英文成功的例子。

　　Julie有一位也在幼稚園就讀的表姊，這個表姊的波蘭文和英文都說得非常流利。剛開始的時候，Julie和她表姊一起玩耍，兩個小朋友常用波蘭文交談，可是久而久之，英文便成了她們主要的溝通語言。正因如此，Julie的英文在讀完幼稚園要升上小學時，就已發展的與本地的小朋友一樣，沒有任何表達上的困難了！

　　接下去，我們用實踐社群理論當作透鏡，來觀察Julie學習英文的過程。Julie剛進幼稚園的時候，僅能說幾個英語單字，但是，一年以後，在她準備上小學之前，她的英文幾乎與本地學生的英文差不多，這種英文長足的進步，可以歸功於許多的因素，例如：參加學校的各種活動，或是讓Julie有機會與他人交流等等。但是，根據Toohey的觀察，最重要的原因，應該是Julie與其表姊建立非常良好的關係，而她的表姊可以說很流利的英語，所以，當她與她表姊互動的時候，從剛開始的以波蘭語交流，到最後完全以英文交談，這個過程使得Julie接近英文學習資源的機會非常的頻繁，而讓Julie的英文能在一年內有長足的進步。

　　在Kelleen Toohey（2000）的研究中，我們曾提到Harvey、Amy、Julie，和其他的小朋友在幼稚園時互動的情形。在此Toohey的研究中，她繼續觀察了這些小朋

友們升上一年級之後的學習情形。這批小朋友在他們過去幼稚園的學習活動是自由的，但是，在他們升到一年級以後，他們的活動通常被限制在座位內，老師要求他們坐在自己的位子，不能坐在他人的位子上。這樣的安排，是為了老師管理或教學上的方便，例如：兩個太吵的小朋友不能坐在一起、以英語為第二外語的小孩和以英語為母語的小朋友混著坐，但是，這個規定也同時限制了學生彼此之間的互動。除了這個座位與空間安排的限制外，學生使用物品也要遵守教室的規定。在這個教室裡，老師規定要用自己的東西，看自己的書，不可以向其他的小朋友借用物品。一旦小朋友習慣這一個規定之後，他們彼此之間會提醒對方，不可以用他人的物品，但是，這個規定限制了小朋友與他人分享的概念、以及溝通互動的機會。在此同時，老師又刻意要求小朋友避免重複別人所使用過的話語、不能模仿別人的想法，但是，這個規定違背了語言學習發展的方法。這些作法表面看起來似乎是正確的，而且，在我們周遭所看到大部分的教室環境裡，老師和學生也都有這樣的共識，然而，這樣的作法對這些語言表達尚在發展階段的兒童來說，真的有正面的幫助嗎？如果我們從嬰兒的語言發展看來，模仿對語言的發展是十分關鍵的。嬰兒語言發展的第一步是建立在模仿照顧他的人的基礎之上，這個照顧他的人，可能是父母親、其他親人或保

母，他們通常在與他人的交談中，提供了一個給嬰兒模仿語言的學習環境。Bloom、Hood和Lightbown（1974）提到，幼兒在學習語言的過程中所使用的話語，有很高的比例是從他人那兒模仿來的。

另外，在Toohey所研究的這個教室裡，對坐在自己位子的限制，固然可以方便老師管理秩序，學生可以移動的範圍卻被限制住了，因此，他們與他人的互動就變得非常有限。學生不允許借用別人的物品，在老師觀點而言，是為了讓學生養成負責任的習慣，然而借用和出借，對小朋友而言，事實上是很重要的一點，因為藉由這樣的活動與互動，可以幫助他們養成一種與他人協商的能力，而協商是一種語言運用，在一次一次的互動中，學生會漸漸學得如何調整自己協商的技巧。還有，小孩子對語言的使用，如果要求他們不要重複使用別人說過的話，那麼如何能讓小朋友累積詞彙，經過重整，而最終能運用自如呢？這些詞彙的累積，需要模仿，我們不能要學生們去背誦一部字典，但如果我們讓小朋友在互動中互相模仿，那些在自然情境中，自己主動學來的話語對學生而言，應該會是比較有意義的，而且，學生應該也比較有興趣把他們反覆運用。還有，是否模仿別人的想法，也是同樣的道理。老師禁止學生模仿別人的想法，意義不大，如果老師能准許

學生模仿，並進一步引導他們在模仿的基礎上創新，這樣的作法，會使學生在一定的基礎上作進一步的探索，即使暫時無法創新，但可以鼓勵他們在分享別人的世界之餘，也可以努力創造另一個世界來讓其他人分享。

　　接下去，我們用實踐社群理論為透鏡，來觀察這些一年級學生的學習過程。首先，老師要求學生坐在自己的位子上，不可以到處換位子或走動，這在班級裡面，形成了一種障礙，侷限了學生彼此互動而產生彼此密切關係的機會，所以學生關係網的建立就比較困難，這對於他們與其他學生一起學習的可能性，就大大地降低了。自然而然，他們的學習效果，應該不會太好。第二方面，老師禁止學生互借物品，這些行政上面的規定，也同樣侷限了學生彼此之間發展關係的可能性。人與人之間關係的建立，有很多的方式，互借物品，來達到彼此互相幫助，也是建立人與人之間關係的方法，但是老師的行政命令，卻扼殺了學生與學生之間發展關係的機會，這對於學習也是不利的。第三方面，老師不鼓勵學生模仿其他學生說過的話，這也違背學習的原理。基本上，學習是一種社會實習的參與，學生們共享參與時的心得，模仿其他人所講出來的話，也可能是社會實習參與的一部分。如果不能模仿，就不能執行所謂的「重整活用」社會實習所理解的心得，於是乎，

學生們是很難從上課中學到知識或技術。

　　以下是另外一個例子，這個例子發生在臺灣，是筆者所研究的一個僑生學習中文的例子（巫淑華，投稿中）。小于（化名）是來自印尼的華僑，她的姊姊在數年前先來臺灣，在中部的某一個大學取得學士學位，學成後，回印尼從事華語教學的工作。小于是個非常淳樸敦厚、有著陽光般笑容的年輕女孩，她主要使用的語言是印尼話，家裡講閩南話。由於有著和姊姊一樣的憧憬，也希望能走同樣的路，於是和大部分印尼僑生來臺就學一樣，她在雅加達通過一個入學考試之後，臺灣根據她的考試成績，將她分發到這所北部大學的一個中文相關科系。她剛到臺灣的時候，非常興奮，也非常期待這裡學習的生活。由於她所就讀的科系，對中文程度有一定的要求，她必須和本地生一樣，具備一定程度的中文閱讀與寫作能力。然而，我們知道印尼當地的華僑在學習華語上，曾經有過一段漫長時間的斷層，學生的華語程度普遍不足，以筆者對小于的瞭解，正是如此。她的聽力對於應付日常生活的對話還可以，可是，對於較為高階層的中文，她的聽力便有困難。此外，她的口語表達並不流利，時有障礙，因此，當某堂課的任課老師要求學生要閱讀多本課外讀物的時候，小于就產生了極大的壓力感，覺得無法跟上。

　　因爲小于的相貌和臺灣鄰家的女孩相仿，有的老師並不知道她的僑生身分，因此，對她在某些中文基本常識上的不足，有些直接的批評，那些批評的語句對她而言，感受並不友善，她的室友告訴筆者，這樣的批評讓她在宿舍哭了許久。爲了加強她的中文程度，筆者商請住宿舍的同學在有空時給予幫助，同寢室的室友也會主動協助，同時，某堂課的任課老師安排學姊給予定時的課業輔導，筆者也每週兩個小時的提供她課業和生活上的諮詢。後來，由於中文程度的不足，她退掉幾科挑戰性太高的科目。相對於學習中文時的額眉深鎖，每一次她打電話回印尼和家人朋友聊天的時候，卻是非常開心，眉開眼笑的。在她寄給筆者的信件中，經常反映出課業的困難與想家的情緒。儘管有了來自多方對她學習中文上的幫忙，她還是覺得中文眞的是太難了。有一天，她看起來十分開心地告訴筆者，她已經買好回印尼的機票，很快就可以回家了，當時，她已決定離開此大學的中文相關科系。

　　接下去，我們以實踐社群理論爲透鏡，透視小于的學習過程。雖然小于在印尼接受過華文教育，也經由海外僑生徵選考試的過程，才能來臺就讀大學，但是，她的中文程度大約只有小學的程度，而她所唸的科系卻是中文相關的科系，於是，在此科系的社群裡，她是屬於末段班的學

生。某一中文課老師對她的中文能力的不足，有鄙視的態度，這個更加深她的自卑感。儘管有其他同科系的大學生願意輔導、幫助他，但是，這些幫助對她的中文程度的提升，非常有限。整體上來看，她在此科系社群裡的身分地位是很卑微的，而且是持續的卑微，沒有顯著的進展，這導致她最後從「合法且邊緣化學習」中退出。從這個例子可以知道，在學習過程當中，個人身分地位／自我認定的提升，對於學習是很重要的。

　　此外，對小于而言，接近中文學習資源的結構，幾乎已被阻斷，因為在中文方面只有小學程度的她，根本聽不懂大學老師的授課，也看不懂大學程度的書籍，難怪她無法進入中國文學領域的堂奧，即使是這些中文學習資源對她是完全的透明化，也是徒勞無功。

第六章

結論

　　傳統上，學校提供學習的環境，學習在教室裡發生，但是，事實上，社會也可以是一個學習的場所，學習也可以在我們的日常生活中發生。我們日常生活的點點滴滴，就是社會實習的參與，這包括了特定活動的參與、與家人或朋友的閒話家常、在工作場合的溝通及互動等等。就這種日常生活的社會實習參與而言，我們會在各種不同場合裡，與各式各樣的人對話、溝通，取得某種程度的共識或瞭解，但是，先前這些共識或瞭解可能都不存在我們的腦海裡，而是在溝通的時候，經由腦力的激盪及充分的討論，這些共識或瞭解逐漸的產生出來。日後，這些共識或瞭解有可能被我們應用在日常生活之上，每當我們充分發揮這些共識或瞭解的時候，我們愈加瞭解其中的知識、道理、或技術，也充分地顯示出，在我們參與社會實習的時候，知識及技術產生轉移的現象。於是，我們可以理解，學習的確可以在我們參與社會實習的時候發生。

　　透過參與社會實習的學習，是會受到社會結構、組織規定、及權力結構的重大影響。在社會上，相對弱勢的人們參與社會實習的機會，比較少；對這些社會上相對弱勢的人們而言，社會的學習資源也比較不透明，所以，這些相對弱勢的人們比較不易學習。為了達到一個公義的社會，需要濟弱扶傾，所以，在社會上擁有權力的人應該要

體會到，社會結構、組織規定、及權力結構會重大影響參與社會實習的學習，所以，應該給予社會上相對弱勢的人們更多參與社會實習的機會，讓社會的學習資源對這些弱勢的人們，更加的透明化。

　　透過參與社會實習的學習，也是會受到學習者本身動機及意願的支配，首先，學習者先要有動機想成為社會上某種有成就的人，所以，他會接近這些有成就的人，參與他們的活動，從活動參與中，分享老手的知識、經驗及技術，在這個時候，人際關係對此新手而言，就很重要了。如果新手與多個老手建立深厚的關係，學習的資源對此新手而言，就比較透明，新手就比較容易瞭解及進入該領域知識及技術的堂奧，假以時日，他有可能也可以成為這方面的老手。在從新手蛻變成老手的時候，學習者的身分地位／自我認定也逐步的變化，在社會上所扮演的角色也跟著變換，他所願意負擔的責任也愈來愈大，因為他想成為這方面的老手或專家。於是，我們可以說，在他參與社會實習的時候，他正在建構他的關係網，也正在建構他在此社會中的身分地位。

　　總而言之，就透過參與社會實習的學習而言，有效關係網的建立在學習效果上，占有非常關鍵性的角色，所謂的有效關係網是指，與老手、專家及其他新手所成立的關

係網。愈綿密且良好的有效關係網的建立，愈有利於學習
者的學習，愈有利於學習者建構更好的身分地位。

參考書目

Bakhtin, M. (1981). *The dialogic imagination: Four essays.* Austin, TX: University of Texas Press.

Bloom, L., Hood, L., & Lightbown, P. (1974). Imitation in language development: if. when, and why? *Cognitive Psychology, 6,* 380-420.

Cain, C. (n. d.). *Becoming a non-drinking alcoholic: A case study in identity acquisition.* Anthropology Department. University of North Carolina, Chapel Hill.

Engestrom, Y. (1987). *Learning by expanding: An activity-theoretical approach to developmental research.* Retrieved January 1, 2012, from http://lchc.ucsd.edu/MCA/Paper/Engestrom/expanding/toc.htm

Hall, J. K., & Walsh, M. (2002). Teacher-student interaction and language learning. *Annual Review of Applied Linguistics, 22,* 186-203.

Hutchins, E. (1996). Learning to navigate, in S. Chaiklin and J. Lave (eds.), *Understanding practice.* New York: Cambridge University Press.

Jordan, B. (1989). Cosmopolitical obstetrics: Some insights from the training of traditional midwives. *Social Science and Medicine, 28*(9), 925-44.

Lave, J. (1994). Tailored learning: Apprenticeship and everyday practice among craftsmen in West Africa. *American Educational Research Journal, 27,* 29-63.

Lave, J., & Wenger, E. (1991). *Situated learning: Legitimate peripheral participation.* Cambridge: Cambridge University Press.

Leontiev, A. N. (1978). *Activity, consciousness and personality.* Englewood Cliffs: Prentice-Hall.

Leontiev, A. N. (1981). The Problem of Activity in Psychology. In J. V. Wertsch (Ed.), *The concept of activity in Soviet psychology*. Armonk, NY: Sharpe.

Lin, A. M. Y. (1999). Doing-English-lesson in the reproduction or transformation of social worlds? *TESOL Quarterly, 33*(3), 393-412.

Marshall, H. (1972). Structural constraints on learning, in B. Geer (ed.), *Learning to work*. Beverly Hills, CA: Sage Publications.

Norton, B. (2000). *Identity and language learning: gender, ethnicity and educational practice*. New York: Longman.

Toohey, K. (1996). *Learning English as a second language in* kindergarten: A community of practice perspective. *Canadian Modern Language Review, 52,* 549-576.

Toohey, K. (2000). *Learning English at school: Identity, social relations and classroom practice*. Clevedon, UK: Multilingual Matters.

Toohey, K., Day, E., & Manyak, P. (2007). ESL learners in the early school years: Identity and mediated classroom Practices. In J. Cummins & C. Davison (Eds.), *International handbook of English language teaching, (Vol. 15)*. (pp. 625-638). Norwell, MA: Springer.

Vygotsky, L. S. (1978). *Mind and society: The development of higher psychological processes*. Cambridge, MA: Harvard University Press.

Vygotsky, L. S. (1981). The genesis of higher mental functions. In J. V. Wertsch (Ed.), *The concept of activity in Soviet psychology*. Armonk: Sharpe.

Vygotsky, L. S. (1987). Thinking and speech. In R. W. Reiber & A. S. Caron (Eds.), *The collected works of L. S. Vygotsky, Volume 1* (pp. 43-285). New York: Plenum.

Wertsch, J. V. (1991). *Voices of the mind: A sociocultural approach to mediated action*. Cambridge, MA: Harvard University Press.

巫淑華（2012），僑生在臺灣學習的深入分析，投稿中。

五南文化廣場

橫跨各領域的專業性、學術性書籍 在這裡必能滿足您的絕佳選擇！

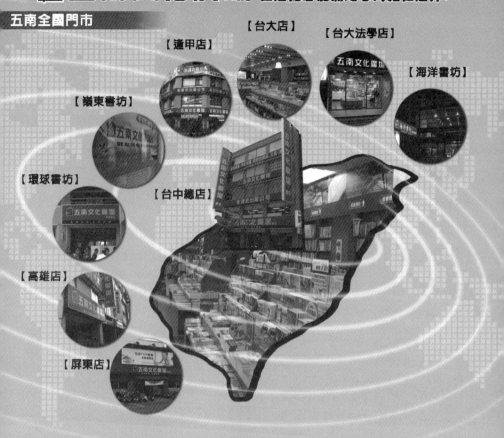

國家圖書館出版品預行編目資料

不一樣的學習：透過參與社會實習的學習
／巫淑華，宋光生著. －－初版.－－臺
北市：五南，2012.06
　面；　公分.
ISBN 978-957-11-6666-7（平裝）
1.社會學習論
521.415　　　　　　　101007884

1JDF

不一樣的學習：透過參與社會實習的學習

作　　者 ─ 巫淑華　宋光生（78.4）

發 行 人 ─ 楊榮川

總 編 輯 ─ 王翠華

主　　編 ─ 陳念祖

責任編輯 ─ 李敏華

封面設計 ─ 童安安

出 版 者 ─ 五南圖書出版股份有限公司

地　　址：106台北市大安區和平東路二段339號4樓

電　　話：(02)2705-5066　　傳　真：(02)2706-6100

網　　址：http://www.wunan.com.tw

電子郵件：wunan@wunan.com.tw

劃撥帳號：01068953

戶　　名：五南圖書出版股份有限公司

台中市駐區辦公室/台中市中區中山路6號

電　　話：(04)2223-0891　　傳　真：(04)2223-3549

高雄市駐區辦公室/高雄市新興區中山一路290號

電　　話：(07)2358-702　　傳　真：(07)2350-236

法律顧問　元貞聯合法律事務所　張澤平律師

出版日期　2012年6月初版一刷

定　　價　新臺幣250元